日本労働社会学会年報

2021

第32号

JN109532

COVID-19と労働

日本労働社会学会

The Japanese Association of Labor Sociology

特集　COVID-19と労働 ———————————— 1

投稿論文 ———————————————————— 73

書　評 ——————————————————————— 99

ANNUAL REVIEW OF LABOR SOCIOLOGY
2021, No.32
Contents

The Japanese Association of Labor Sociology

特集　COVID-19と労働

—— 日本労働社会学会年報第32号〔2021年〕——

コロナ禍におけるシングルマザーの労働・生活と支援策の課題

—— 札幌市母子寡婦福祉連合会・会員アンケートを事例として ——

中囿　桐代

（北海学園大学）

1．課題意識と調査の概要

（1）課題意識

　本稿は2020年10月に開催された日本労働社会学会第32回大会シンポジウム「COVID-19と労働」において筆者が報告した「コロナ禍がシングルマザーの労働と子育てに与える影響——札幌市母子寡婦福祉連合会[1]・会員のアンケート報告」に大幅な加筆修正を行ったものである。シンポジウム報告では、2020年2月末より札幌において突然始まり、一時登校できた期間もあるが最終的には6月末まで続いた臨時休校によるシングルマザーの子どものケアの負担増加についての分析に多くの時間を割いたが、それは別稿に譲ることとする（中囿 2020, 2021）。本稿は、コロナ禍が与えたシングルマザーの経済状況、労働への影響をアンケートより明らかにし、加えて公的な支援策と利用状況について確認し、制度の課題を明らかにすることを目的とする。できる限りシンポジウム開催後の制度変更も盛り込みながら、論考を進めたい。

（2）アンケートの概要・回答者属性

　厳しい経済環境や新型コロナウイルスへの対応が求められる働き方がシングルマザーの労働や経済状況にどのような影響を与えたのかを検討するため札幌市母子寡婦福祉連合会（以下、札母連）母子の会員（末子が20歳未満）に対して2回のアンケートを行った。1回目は札幌市での2月末の臨時休校から約1ヶ月を過ぎた2020年3月末（以下、アンケートAと表記）にアンケートを行い、第2回

目は特に経済状況と雇用についての変化を明らかにするため2020年7月末に（以下、アンケートBと表記）を行った。

　回答者の属性は**表1**の通りである。アンケートAとBで大きな変化はない。また、コロナ禍で在宅勤務、テレワークが大きな話題となったが、今回の調査で在宅勤務を行っている者はBの1名だけであった。シングルマザーの大部分はエッセンシャルワーカーとして、現場に立たなければならないのである。

表1　アンケート回答者内訳

	A（人数）	B（人数）	A（構成比）	B（構成比）
正社員	46	51	33.3%	36.4%
パート	49	48	35.5%	34.3%
派遣	8	4	5.8%	2.9%
属託	21	19	15.2%	13.6%
非正規	78	71	56.5%	50.7%
自営	5	6	3.6%	4.3%
就業者	129	128	93.5%	91.4%
求職中	−	9	−	6.4%
職業訓練	−	3	−	2.1%
未就業	9	12	6.5%	8.6%
合　計	138	140	100.0%	100.0%

注：Aでは未就業の内訳を取っていない。
出典：アンケートより筆者作成。

表2　回答者の末子の状況

アンケート	就業形態	保育所に通う未就学児	幼稚園に通う未就学児	家庭にいる未就学児童	小学生低学年	小学生高学年	中学生	高校生	専門学校・短大・大学等	その他	不明	回答者
A	正社員	6.5%	2.2%	0.0%	10.9%	30.4%	28.3%	19.6%	2.2%	0.0%	0.0%	46
	非正規	12.8%	3.8%	1.3%	19.2%	14.1%	17.9%	28.2%	1.3%	0.0%	1.3%	78
	就業者	10.9%	3.1%	0.8%	16.3%	20.2%	21.7%	24.0%	1.6%	0.0%	1.6%	129
	未就業者	0.0%	0.0%	0.0%	22.2%	33.3%	11.1%	33.3%	0.0%	0.0%	0.0%	9
B	正社員	7.8%	0.0%	0.0%	13.7%	27.5%	27.5%	19.6%	3.9%	0.0%	0.0%	51
	非正規	12.7%	0.0%	0.0%	21.1%	15.5%	15.5%	29.6%	4.2%	1.4%	0.0%	71
	就業者	10.9%	0.0%	0.0%	18.0%	20.3%	21.9%	24.2%	3.9%	0.8%	0.0%	128
	未就業者	7.7%	7.7%	7.7%	30.8%	7.7%	7.7%	23.1%	7.7%	0.0%	0.0%	13

出典：アンケートより筆者作成。

　回答したシングルマザーの末子の状況は**表2**の通りである。アンケートA、Bとも就業者では保育園児1割、小学生約4割、中学生以上が約5割となっており、大きな変動はない。未就業者では、アンケートAは未就学児はおらず、小学校低学年と高校生が多いが、アンケートBでは未就学児、小学校低学年、高校生が多い。

2．コロナ禍による雇用への影響

　この節では、改めて新型コロナウイルス感染症の拡大が全国、および北海道の雇用情勢にどのような影響を与えたのか、2021年5月時点で確認する。

（1）全国のコロナ禍による雇用の縮小

　厚生労働省（以下、厚労省）HP「新型コロナウイルス感染症に起因する雇用への影響に関する情報について」の2021年5月7日時点までの累積値を見ると、雇用調整の可能性がある事業所12万8,361所、解雇等見込み労働者数10万3,000人、解雇等見込み労働者数のうち非正規雇用労働者数4万7,954人[2]となっている。

　表3のように、解雇等見込み労働者数は、全国に第1回目の緊急事態宣言が発出されていた2020年4〜5月の影響を受け5〜7月までは毎月1万1千人を超えていた。第1回目の緊急事態宣言解除後も雇用の縮小傾向は収まらず、比較的感染者が少なく「GoToキャンペーン」が行われていた夏〜秋にかけても毎月5千人〜1万1千人の労働者の解雇見込みがあった。2021年4月は約3千人に減少しているものの、4月末から東京都等に発出された3回目の緊急事態宣言は、対象地域

表3　コロナ禍による解雇見込み労働者数（人）

2020年 5月	12,949
6月	12,688
7月	11,980
8月	8,935
9月	11,298
10月	7,506
11月	5,193
12月	5,285
2021年 1月	5,165
2月	5,412
3月	9,292
4月	3,256

出典：厚労省「新型コロナウイルス感染症に起因する雇用への影響に関する情報について（5月7日現在集計分）」より筆者作成。

での大型店舗などへの休業要請や飲食店への酒類提供禁止といった厳しい措置になっており、今後の雇用に与える影響は小さくない。

　2020年の総務省統計局「労働力調査」[3]からも雇用の縮小は確認できる。正社員は2020年平均で3,539万人と、前年に比べ36万人の増加（6年連続の増加）となったが、非正規は、2,090万人と75万人の減少（前年と比較可能な2014年以降で初めての減少）となった。正社員を男女別にみると、男性は2,345万人と3万人の増加、女性は1,194万人と33万人の増加となった。非正規を男女別にみると、男性は665万人と26万人の減少、女性は1,425万人と50万人の減少となった。特に女性の非正規が大きな影響を受けているのがわかる。

　休業者は、2020年平均で256万人と、前年に比べ80万人の増加（8年連続の増加）となった。休業者数の256万人は、比較可能な1968年以降で過去最多、80万人の増加は、前年と比較可能な1969年以降で過去最大の増加幅となっている。

　完全失業者数は、2020年平均で191万人と、前年に比べ29万人の増加（11年ぶりの増加）となった。男女別にみると、男性は115万人と19万人の増加、女性は76万人と10万人の増加となった。

（2）労働力調査に見る北海道の就業者、雇用者の減少

　総務省統計局「労働力調査」からコロナ禍が北海道の就業者数、雇用者数に与えた影響を確認する。

　北海道の2019年1〜3月期〜2021年1〜3月期までの男女別の雇用者数、正規非正規別の人数を見たのが**表4**である。まず確認できるのは、2年間という短期間で15歳以上人口が、女性3万人、男性2万人減少している。コロナ禍以前の問題として、北海道の人口減少が急激に進んでいることがわかる。

　全国でコロナ禍は女性の貧困を加速させているという報道がなされているが[4]、北海道でも同様である。上記の期間で最も雇用者が多かった2019年7〜9月期と最も少なかった2021年1〜3月期を比べれば、女性では雇用者9万人、正社員2万人、非正規8万人が減少しており、特に非正規が大きな影響を受けている。

　休業者は2019年7〜9月期と2021年1〜3月期を比べれば1万人の増加に止まるが、1回目の緊急事態宣言の影響を受けた2020年4月〜6月期は10万人にまで

表4　北海道における15歳以上人口、雇用形態別雇用者数の変化

単位：万人、%

		2019年 1〜3月	2019年 4〜6月	2019年 7〜9月	2019年 10〜12月	2020年 1〜3月	2020年 4〜6月	2020年 7〜9月	2020年 10〜12月	2021年 1〜3月
女性	15歳以上人口	251	250	250	250	250	249	249	249	248
	労働力人口	121	122	127	125	120	121	123	122	119
	就業者	118	118	124	122	117	118	119	118	115
	雇用者	108	108	115	112	107	107	109	108	106
	正規の職員・従業員	41	44	48	47	43	45	45	45	46
	非正規の職員・従業員	64	60	64	64	60	58	61	59	56
	休業者	5	3	4	4	5	10	4	4	5
	完全失業者	2	4	3	3	3	4	4	4	3
	完全失業率(%)	2.1	3.1	2.2	2.6	2.4	3.1	2.9	3.0	2.8
	非労働力人口	130	129	123	124	129	127	126	126	129
男性	15歳以上人口	219	218	218	218	218	217	217	217	217
	労働力人口	145	148	152	152	145	150	151	148	147
	就業者	140	143	149	148	142	144	147	143	142
	雇用者	124	126	133	132	126	126	131	126	124
	正規の職員・従業員	87	89	92	93	88	87	92	87	87
	非正規の職員・従業員	27	27	29	27	27	28	27	27	25
	休業者	4	2	3	4	4	6	3	4	5
	完全失業者	5	4	3	3	4	5	4	5	5
	完全失業率(%)	3.4	2.9	2.0	2.2	2.5	3.5	2.6	3.5	3.1
	非労働力人口	74	71	66	67	72	68	66	69	70

出典：総務省「労働力調査」各年より筆者作成。

　増えている。完全失業者は2019年7〜9月期と2021年1〜3月期を比べれば変化がないが、非労働力人口は6万人増加している。女性は男性に比べて、子どもや家族のケアや家族への感染リスクを下げるため仕事をやめ非労働力となった者もいると考えられる。

　一方の男性への影響も北海道では深刻である。2019年7〜9月期と2021年1〜3月期を比べれば、男性では雇用者9万人、正社員5万人、非正規4万人が減少しており、男性正社員でもコロナ禍の影響を受けている。休業者は2019年7〜9月期と2021年1〜3月期を比べれば2万人の増加に止まるが、1回目の緊急事態宣言の影響を受けた2020年4月〜6月期は6万人にまで増えている。2019年7〜9

月期と2021年1〜3月期を比較すると完全失業者2万人、非労働力人口4万人が増加している。コロナ禍によって雇用状況の回復が見込めず、高齢者等で就職活動を諦める者がいるのであろう。

（3）北海道労働局「レイバーレター」にみる労働市場の状況

1）求人数の減少

北海道労働局が発行する「レイバーレター令和2年度版」[5]によれば、北海道の2020年度の有効求人倍率は0.96倍（前年度1.19倍）となり、前年度を0.23ポイント下回り、5年ぶりに北海道の有効求人倍率は1倍を下回った。全国で見ても1.41→1.01倍へ急落している。

北海道の求人件数は、新規求人数が333,305人（前年度比▲13.4％）で2年連

表5　新規求人数の状況（常用パート含む）

単位：人、％、ポイント

産　業	令和2年度	令和元年度	増減差	増減比
A, B　農、林、漁業	5,624	5,276	348	6.6
D　建設業	41,522	39,828	1,694	4.3
E　製造業	20,751	25,593	▲4,842	▲18.9
食料品製造業	11,186	13,820	▲2,634	▲19.1
窯業・土石製品製造業	886	918	▲32	▲3.5
金属製品製造業	1,802	2,100	▲298	▲14.2
はん用・生産用・業務用・電気機械器具製造業	1,545	1,765	▲220	▲12.5
輸送用機械器具製造業	970	1,014	▲44	▲4.3
その他の製造業	4,362	5,976	▲1,614	▲27.0
G　情報通信業	6,347	6,485	▲138	▲2.1
H　運輸業、郵便業	17,266	20,688	▲3,422	▲16.5
I　卸売業、小売業	42,064	48,796	▲6,732	▲13.8
M　宿泊業、飲食サービス業	22,839	33,181	▲10,342	▲31.2
P　医療、福祉	99,019	108,909	▲9,890	▲9.1
R　サービス業（他に分類されないもの）	33,747	42,225	▲8,478	▲20.1
その他	44,126	54,107	▲9,981	▲18.4
合　計	333,305	385,088	▲51,783	▲13.4
新規求人に占めるパートの割合	31.2	31.7	▲0.5	

注：1. 新規学卒を除き、パートタイムを含む。
　　2. 平成19年11月改定の「日本標準産業分類」に基づく区分により表章。
出典：北海道労働局「レイバーレター令和2年度版」より。

続減少した。月間有効求人数は77,534人（前年度比▲15.1％）でこれも2年連続減少している。正社員の有効求人倍率は0.75倍（前年度差▲0.11ポイント）で11年ぶりに減少した。全国でも1.12→0.85へ急落している。

　表5のように業種別の求人数を見ると、北海道では農林漁業と建設業を除けば全ての業種で減少している。減少数が大きいのは「宿泊業、飲食サービス業」、「医療、福祉」、「サービス業」、「卸売業、小売業」となっており、女性が多く働く対人サービスで影響が大きい事がわかる。

　求職者の状況は、新規求職申込件数が196,616人（前年度比▲5.2％）で10年連続減少しているが、月間有効求職者数[6]は81,183人（前年度比＋6.1％）で11年ぶりに増加となった。以上のように求人件数が減り求職者が増えており、なかなか次の職場が決まらないケースが増えていると考えられる。

2）職種別求人・求職状況

　次に常用を含めた職種別求人・求職状況を検討すると、職種によって「まだら模様」となっている。

　全体的に求人数は減少になっているが、対人サービスの仕事でも一部には有効求人倍率が1を超える職種もある。専門的技術的職業（1.58前年比▲0.23）では、「保育士・福祉相談員等」（2.22 ▲0.16）、「看護師・保健師等」（1.30 ▲0.11）、販売の職業（1.37▲0.28）では「販売員・訪問販売員」（1.34 ▲0.34）、サービスの職業（1.97▲0.67）では「ホームヘルパー、ケアワーカー」（3.18 ▲0.02）「看護助手、歯科助手等」（2.70 ▲0.34）、「調理人、調理見習」（1.78 ▲0.92）である。

　有効求人倍率が1を下回るのは管理的職業（0.96 ▲0.23）、事務的職業（0.34 ▲0.09）の「一般事務」（0.28 ▲0.06）、「会計・経理事務」（0.55 ▲0.25）となっており、シングルマザーを含む女性に人気がある事務職での就職は一層難しい。

3．シングルマザーの経済状況の悪化

　この節では、コロナ禍による経済状況の悪化や雇用の縮小がシングルマザーの経済状況にどのような影響を与えているのか、アンケートから分析する。

（1）就業収入の減少

　アンケートAでは2020年3月末と2月末の変化、Bでは7月末と2月末の変化を質問した（**表6**）。アンケートA、B双方で就業者の3割以上が減収、若しくは減収の予定と答えており、コロナ禍がシングルマザーの経済状況をさらに悪化させている。アンケートAでは非正規の減収が正社員に比べて大きいが、Bでは正社員の「就労収入が減る、減ると思う」が増加している。コロナ禍が長引く事で比較的恵まれた労働条件である正社員へも影響が出ている。Bでは、非正規では若干ではあるが「就労収入が減る、減ると思う」と「就労収入はほとんど無くなる」は減少している。

　就業収入はどのくらい減少したのか（**表7**）。　アンケートAでは2月末と3月末、Bでは2月末と7月末の就業収入が手取りでどのくらい収入が減っているのかを

表6　2020年2月末と3月末、7月末を比較した就業収入の変化

	アンケート	増えている	特に影響はない	就労収入が減った・減ると思う	就労収入はほとんど無くなる	回答者数
正社員	A	0.0%	82.6%	17.4%	0.0%	46
	B	9.8%	62.7%	27.5%	0.0%	51
非正規	A	0.0%	56.4%	39.7%	3.8%	78
	B	15.5%	52.1%	32.4%	0.0%	71
就業者	A	0.0%	64.8%	32.0%	3.1%	128
	B	12.5%	57.0%	30.5%	0.0%	128

出典：アンケートより筆者作成。

表7　2月末と3月末、7月末を比較してどのくらいの減収か
（減った、ほとんど無くなると回答した者）

	アンケート	1万円未満	1～2万円	2～3万円	3～5万円	5万円以上	回答者数
正社員	A	62.5%	12.5%	12.5%	12.5%	0.0%	8
	B	7.1%	21.4%	14.3%	28.6%	28.6%	14
非正規	A	11.8%	23.5%	20.6%	26.5%	17.6%	34
	B	17.4%	21.7%	8.7%	26.1%	26.1%	23
就業者	A	20.5%	22.7%	18.2%	22.7%	15.9%	45
	B	12.8%	20.5%	12.8%	25.6%	28.2%	39

出典：アンケートより筆者作成。

見たのが下の表である。全体として7月末の方が月あたり3〜5万円、5万円以上減少した者が増加している。3月末では影響の少なかった正社員でも減少額が大きい。

　札母連の会員へのアンケートでは、シングルマザーの月当たりの賃金（手取り）は、正社員18.3万円、非正規12.4万円である。児童扶養手当等を含めた手取りの総収入の額は、正社員が22.4万円、非正規が19.4万円である（中囿2021：第2章）。札幌市の母子3人（未就学児、小学生）の生活保護の最低生活費（夏季）は、23.2万円、母子2人（小学生）では18.6万円である。コロナ禍に見舞われる前からシングルマザーの収入は、子どもの人数によっては生活保護の最低生活費を下回る可能性もある。この状況からの減収であるため、大きな影響を受けている。

　収入の減少にシングルマザーはどのように対処しているのだろうか？（**表8**）全体としては「支出を抑えている、節約をしている」と「貯金を取り崩している」が多い。正社員では前者が多いが、非正規では後者である。月当たりの収入が少ないため、貯金に手を付けざるを得ない者もいると思われる。その他の回答ではカードで借り入れをし、特別定額給付金で返済した者もいた。

　公的融資の利用や親族の援助を受けている者は少ないが、これは6月末に児童手当の受給者の子育て世帯への臨時特別給付金、7月中旬にひとり親世帯臨時特別給付金、6月末から特別定額給付金（10万円）の申請が始まり、アンケートを行った7月末はシングルマザーへの給付金の支給がほぼ終了した時期であったため、減収への対処も上記のような「自助努力」で済んでいると思われる。

表8　減収に対する対処法

	貯金を取り崩している	親や親族等からの援助	支出を抑える、節約をしている	公的な融資を利用	その他	回答者数
正社員	14.3%	7.1%	57.1%	7.1%	14.3%	14
非正規	36.8%	0.0%	31.6%	0.0%	0.0%	19
就業者	31.4%	2.9%	54.3%	5.7%	5.7%	35

出典：アンケートより筆者作成。

（2）臨時休校による家計の圧迫

　就労収入の減少だけでなく、2月末から突然始まった長期の臨時休校によって母子世帯は支出増となり家計が圧迫された。アンケートAにおいて、臨時休校によって母親達はどのような点にストレスを感じていたのかを聞いた（**図1**）。

　雇用形態に関わらず最も多くの母親、約半数が「食費や光熱費等の支出が増えている」事にストレスを感じていると回答している。収入減が少ない正社員でも同様である。

　アンケートの自由記述でも生活費の支援を行って欲しいという母親がいる。

・生活の補償など。（派遣／事務／中学生／高校生）A[7]
・休校で出費が増えた家庭への支援。（嘱託・準社員等／事務／中学生／高校生）A

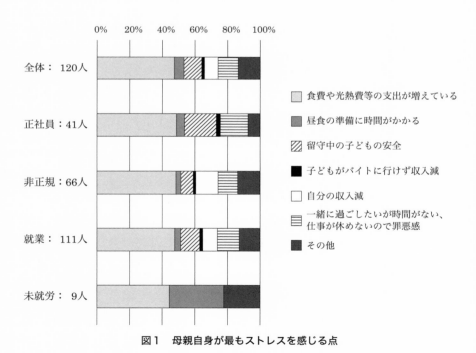

図1　母親自身が最もストレスを感じる点

　臨時休校が終了した後に行ったアンケートＢにおいても支出増加が負担であるという自由記述が多く見られた。典型的なものを紹介する。

・高校生・小学生の子供の食費が厳しかったです。また、一日中家に居るため、灯油やガス代などもはね上がりました。経済支援のおかげで結果は助かりました。(臨時・嘱託等／販売／小学校高学年)B[8]
・経済状況は変化しなかったが、コロナで病院に行くのを控えた為、市販薬で出費や消毒薬、マスク、極力家から出ない為に食材の買い溜め、子ども用の学習教材費（コピー機のインク、ドリルやタッチパネル学習）など出費が多かったです。(求職中／小学校低学年)B

遠隔授業のための教育費の負担も増加しており、支援を求める意見も多かった。

・休学中（臨時休校中）に動画で学ぶためにWi-Fiとタブレットを購入しましたが、これはかなりきつかったです。子供の習い事の書道をやめてもらいあてました。通信費用が支給されるとありがたいです。(求職中／幼稚園児)B
・学校への登校ができず、学校のホームページで課題を出されていましたが、パソコンやプリンターなど無いので困りました。学校休校時に、預け先がなく、就業に困りました。(正社員／販売／小学校低学年)B
・子どもが勉強する上で、パソコンがない家庭にタブレットの支援があっても良いと思う。(正社員／専門・技術／中学生)B

　2020年6月以降新型コロナウイルス感染症の感染者が増えても臨時休校は行われていないが、その後シングルマザーの経済状況は改善したであろうか？　札幌市が行った「ひとり親世帯臨時特別給付金受給者アンケート調査」[9]の児童扶養手当受給世帯の困窮状況についてみると、2020年5月1日現在では、「困窮している」13.4％、「やや困窮している」27.3％と合わせて4割が困窮を訴えている。「家計の状況に新型コロナの影響なし」34.4％、「どちらとも言えない」20.6％である。

同年10月1日では、「困窮している」12.0％、「やや困窮している」20.1％と5月に比べれば両者とも減少しているものの、合わせて約1/3が困窮を訴えている。「家計の状況に新型コロナの影響なし」36.4％、「どちらとも言えない」24.4％とこの2者は微増である。どちらのアンケートでも3～4割のシングルマザーが困窮を訴えており、コロナ禍が始まってから半年以上たってもシングルマザーの苦しい状況は大きくは変わっていない。

　「困窮」と回答した者へどのような支障があったかを2020年10月時点で尋ねると（複数回答）、「食料品の購入」18.7％、「日用品の購入」18.3％、「水光熱費の支払い」17.5％、「家賃の支払い」10.9％、「子どもの学校にかかるお金」9.7％、「通信費の支払い」7.8％であった。アンケートB後の比較的感染状態のおさまった10月時点でも、一部のシングルマザーは生活基盤に大きな打撃を受けていたことがわかる。

４．シングルマザーへの経済支援と利用状況

（1）シングルマザーへの経済支援策

　コロナ禍による経済状況の悪化に対応するために政府は様々な給付金や公的な貸付制度を拡充した。

1）母子世帯以外でも利用可能な支援
・特別定額給付金
　政府は2020年4月以降、全国民に一律10万円の給付を行った。
・住宅確保給付金
　離職者・廃業者を対象とした家賃補助を再支給し最大1年（コロナ以前は9ヶ月）の生活保護の住宅扶助を上限として家賃相当額を自治体から支給する。「休業等により収入が減少し離職等と同等の状況にある方」に対象を広げ、「ハローワークへの求職申し込みを不要とする」など、要件が緩和されている。再支給の受付は当初2021年3月末まででであったが6月末まで延長された。
　住宅確保給付金（2020年4月～2021年1月）[10]は以下の通りである。

決定件数：123,064件（令和元年度の決定数：3,972件）

決定金額：258.2億円

・緊急小口資金

新型コロナウイルス感染症の影響を受けて、休業等による収入の減少があった場合緊急かつ一時的な生活費を借りる事ができる。20万円以内。無利子、保証人無し。2022年3月末まで据え置き、償還期限は2年以内。申請期限は当初2021年3月末までであったが6月末まで延長された[11]。

償還初年度となる2022年に2021年度もしくは2022年度に住民税非課税であれば一括償還免除がとなる[12]。

・総合支援資金

新型コロナウイルスの影響を受けて、収入の減少や失業等により収入が減少し、その減少が長期にわたるため日常生活の維持が困難となっている人が、生活の立て直しまでの一定期間（3ヶ月）の生活費を借りる事ができる。月20万円以内（単身は15万円以内）。無利子、保証人無し。2022年3月末まで据え置き、償還期限は10年以内。2021年3月末までの間に、緊急小口資金及び総合支援資金の貸付が終了した世帯は、自立相談支援機関による支援を受けることを要件として、再貸付（3ヶ月以内60万円以内）を実施する。これにより2021年2月に再貸付が可能となり、緊急小口資金と合わせて最大200万貸付可能となった。

申請期限は当初2021年3月末までであったが6月末まで延長された[13]。

償還初年度となる2022年に2021年度もしくは2022年度に住民税非課税であれば一括償還免除、その後も同様の免除がある[14]。

緊急小口資金、総合支援資金を合わせた特例貸付の実績（2020年3月25日〜2021年3月6日）(速報値) は以下の通りである。

決定件数：1,658,285件

決定金額：6601.7億円[15]

・子育て世帯への臨時特別給付金[16] （2020年4月20日閣議決定、6月の児童手当に増額）

新型コロナウイルス感染症の影響を受けている子育て世帯の生活を支援する取組の一つとして、児童手当を受給する世帯に対して、臨時特別の給付金（一時金）を支給。対象児童1人につき1万円。

2）母子世帯が対象の支援

・ひとり親世帯臨時特別給付金 （児童扶養手当受給者には2020年7月17日支給）

　基本給付として1世帯5万円、第2子以降ひとりにつき3万円が支給される。対象者は児童扶養手当受給者、遺族年金、障害年金、老齢年金、労災年金、遺族補償などの公的年金給付等を受けていることにより児童扶養手当の支給を受けていない者、児童扶養手当の申請をしていれば、全部または一部停止されたと推測される受給者も対象になる。さらに、新型コロナウイルス感染症の影響を受けて家計が急変するなど、収入が、児童扶手当の対象となる水準に下がった者には追加支給として5万円が支給される。

・ひとり親世帯臨時特別給付金 （基本給付の再給付）（児童扶養手当受給者には2020年12月25日支給）

　2020年7月の特別給付金の基本給付と同額が給付される。

・札幌市家計急変ひとり親世帯臨時特別支援金[17]

　新型コロナウイルスの影響で家計が急変した、ひとり親世帯の生活を支援するために札幌市独自の支援金を支給した。新型コロナウイルス感染症の影響により家計が急変（減収）し、2020年中の収入見込額が児童扶養手当の支給制限額未満となっているにも関わらず、2019年中の所得が支給制限額を超過していることで、当面、手当が支給されない世帯の生活を支援するために、臨時特別の支援金を支給する。支給金額は1世帯5万円。

・低所得の子育て世帯に対する子育て世帯生活支援特別給付金 （ひとり親世帯分）

　2021年4月に「低所得の子育て世帯に対する子育て世帯生活支援特別給付金（ひとり親世帯分）」[18]の支給が決定し、児童扶養手当受給者には児童一人当たり5万円が5月に振り込まれる予定である。遺族年金、障害年金、老齢年金、労災年金、遺族補償などの公的年金給付等を受けていることにより児童扶養手当の支給を受けていない者、児童扶養手当の申請をしていれば、全部または一部停止されたと推測される場合も対象になる。さらに、新型コロナウイルス感染症の影響を受けて家計が急変するなど、収入が、児童扶手当の対象となる水準に下がった者も対象となり、かなり広範囲のシングルマザーが支援を受けられる。

（2）公的な経済支援の利用状況

　2020年7月に行ったアンケートBでの公的な経済支援の利用状況は次の**表9**の通りである。特別定額給付金は殆どの者が利用したが、子育て世帯への臨時給付金やひとり親世帯臨時特別給付金については、子どもの年齢や収入の制限があるので利用者が限られていた事が分かる。それ以外の給付金や融資等の利用は非常に少ない。

　先にのべたように2020年7月末に一時的な給付金が支給されたためシングルマザーは収入の減少を自助努力で乗り切っているが、今後収入の減少が続けば申請者が増加する事も考えられる。例えば福祉協議会の緊急小口資金や総合支援資金、住宅確保給付金について、相談のための特例貸付コールセンターが設けられたり、申請方法等を知らせる**YouTube**のサイトが開設されたりしているが、それを知っているシングルマザーは限られるだろう。また、今回のコロナ禍で申請がネットで行えるようになった制度も多い。これは感染リスクを下げるという点では評価できるものの、シングルマザーの全てが**Wi-Fi**等のネット環境やパソコンを自宅に設備しているわけではないので、必要な情報にたどり着けない者が出て

表9　公的な経済支援の利用、もしくは利用予定（複数回答）

	特別定額給付金	子育て世帯への臨時特別給付金	ひとり親世帯臨時特別給付金（1回目）	社会福祉協議会で受け付けている緊急小口資金	社会福祉協議会で受け付けている総合支援資金	住宅確保給付金	母子父子寡婦福祉貸付
正社員	98.0%	76.5%	51.0%	2.0%	0.0%	0.0%	0.0%
非正規	98.6%	77.1%	70.0%	0.0%	0.0%	1.4%	0.0%
就業者	98.4%	78.1%	60.9%	0.8%	0.0%	0.8%	0.0%
未就業	92.3%	76.9%	53.8%	0.0%	0.0%	0.0%	0.0%

	納税猶予	国民年金保険料、国民健康保険料の猶予	上下水道の支払い猶予	生活保護	その他	回答者数
正社員	0.0%	2.0%	0.0%	0.0%	2.0%	51
非正規	0.0%	1.4%	0.0%	2.9%	0.0%	70
就業者	0.0%	1.6%	0.0%	2.3%	0.8%	128
未就業	0.0%	7.7%	0.0%	15.4%	0.0%	13

出典：アンケートより筆者作成。

いる事が危惧され、その対応も喫緊の課題である。

　（1）で検討したようにアンケートB（2020年7月）以降も政府は経済支援策を引き続き行っている。先に見た札幌市「ひとり親世帯臨時特別給付金受給者アンケート調査結果報告書」において2020年10月現在の児童扶養手当受給者の「コロナウイルス感染症の影響で利用することとなった支援制度等」を確認すると、特別定額給付金97.1％、子育て世帯への臨時特別給費金78.5％は利用率が高いが、住宅確保給付金1.4％％、生活福祉資金特例貸付（緊急小口資金と総合支援資金のこと）3.3％、母子父子寡婦福祉貸付0.5％、生活保護12.0％、公共料金の減免1.0％となっている。特別定額給付金、子育て世帯への臨時特別給費金以外の利用は低調であり、単純にアンケートBとは比較できないが、やはり支援にたどり着けていないシングルマザーが多くいる事が予想される。また、生活保護を利用し始めた児童扶養手当受給者は1割以上と他の制度と比較すれば多い。もともと収入の少ないシングルマザーの困窮が急激に深刻化し、貸付や給付金では生活を支えきれず生活保護を利用するケースも生じていると推察される。

5．休業・休業補償

　労働力調査でも明らかなようにコロナ禍において多くの労働者が休業を余儀なくされた。政府は、休業者の賃金を補填するため、雇用調整助成金等を企業に支給し、企業と労働者を支えようとしている。さらに、企業を介する雇用調整助成金を利用しにくい中小企業労働者等には、労働者に直接給付金を出す制度も整備された。

（1）雇用調整助成金等の休業支援
1) 新型コロナウイルス感染症による小学校休業等対応助成金[19]
　臨時休校に対応するため2020年3月9日に厚労省は「新型コロナウイルス感染症に係る小学校等の臨時休業等に伴う保護者の休暇取得支援（新たな助成金制度）」を公表した。新型コロナウイルス感染拡大防止策として、臨時休業した小学校、義務教育学校（小学校課程のみ）、特別支援学校（高校まで）、放課後児童

クラブ、幼稚園、保育所、認定こども園等に通う子のケアのための休業した労働者、風邪症状等新型コロナウイルスに感染したおそれのある小学校等に通う子のケアのための休業した労働者に対して労働基準法上の年次有給休暇とは別途、有給（賃金全額支給）の休暇を取得させた事業主に対して、助成金を創出した。当初は日額上限が8,330円日額上限、10/10の助成であった。4月7には日額上限が15,000円となった。2020年11月末〜全国の労働局に「新型コロナウイルス感染症による小学校休業等対応助成金に係る特別相談窓口」を設置し、労働者からの相談内容等に応じて、事業主への働きかけを行っている。厚労省としては、受付期間と相談窓口の対応期間を度々延長し、利用を促している。

　支給実績、相談窓口実績は以下の通りである。

小学校休業等対応助成金支給実績（2021年4月23日まで累計）
　申請件数：約174,300件
　支給決定件数：152,701件
　支給金額：541.8億円[20]

特別相談窓口の実績（2020年11月24日〜2021年2月28日）
　労働者からの相談件数：400
　うち労働者の意向を踏まえ企業に働きかけを行った件数：154
　うち導入した、導入に理解を示した件数：76
　検討中と回答した件数：37
　導入しないと回答した件数：41[21]

　この制度の利用者は小学生の子どもがいる主に母親に限られるが、あとでみる雇用調整助成金の支給金額に比べるとかなり低く、2021年4月23日現在の総支給額で雇用調整助成金の2%足らずである。このため、厚労省は直接給付を導入することとした[22]。2020年2月27日〜同年3月末までの分については、小学校休業等対応助成金を労働者が直接申請できるようにし、それ以降は後述の「新型コロナウイルス感染症対応休業支援金・給付金」で労働者が直接申請できるよう対応する。

2）雇用調整助成金

　雇用調整助成金とは、経済上の理由により事業活動の縮小を余儀なくされた事業主が、労働者に対して一時的に休業、教育訓練又は出向を行い、労働者の雇用の維持を図った場合に、休業手当、賃金等の一部を助成するものである。2020年4月10日には厚労省より新型コロナウイルス感染症の影響に対応するための雇用調整助成金の特例[23]が発表され、休業又は教育訓練を実施した場合の助成率を引き上げ、中小企業：2/3から4/5へ、大企業：1/2から2/3へとなった。また、新規学卒採用者や週20時間未満の労働者（パート、学生も含むアルバイト等）も対象とされた。解雇等しなかった事業主に助成率の上乗せが行われ、中小企業：4/5から9/10へ、大企業：2/3から3/4へ助成率が上がった。

　2020年6月12日には企業規模を問わず上限を8,330円から15,000円に引き上げた。解雇を行わない中小企業に対しては、助成率が9/10から10/10と引き上げられた（大企業は3/4のまま）。その後数回の延長が行われ、特例措置は2021年6月末まで延長される（2021年5月6日現在）。

　このようにコロナ禍において雇用調整助成金は雇用保険加入者以外者にも給付対象を広げているのである[24・25]。

雇用調整助成金支給実績（2021年4月23日まで累計）

　申請件数：3,295,907件

　支給決定件数：3,174,587件

　支給金額：33,173.71億円[26]

3）新型コロナウイルス感染症対応休業支援金・給付金

　2020年7月7日からは新型コロナウイルス感染症対応休業支援金・給付金の受付も始まった[27]。雇用調整助成金が企業からの申請であるため、利用しにくい労働者に直接給付ができる制度を創設したのである。中小事業主に雇用される労働者が休業手当を受けることができない場合に休業前賃金の8割（日額上限11,000円）を休業中に賃金（休業手当）を受け取ることができなかった場合、労働者の申請により支給する。2021年1月以降は、大企業の非正規労働者も対象とされて

いる。

　雇用調整助成金との関連が明らかでないという問題があるが、労働者がハローワークへ申請できる制度が並走している。厚労省は利用の呼びかけを行なっているが、支給金学は雇用調整助成金の3％に過ぎない[28]。

新型コロナウイルス感染症対応休業支援金・給付金支給実績（2021年4月29日まで累計）

　　申請件数：1,743,750件

　　支給決定件数：1,319,504件

　　支給金額：1,026億円

（2）シングルマザーの休業補償の利用状況

　表10のように2020年2月末から7月末の間で休業を余儀なくされた者は全体の約4割、非正規では47.1％と約半数に上る。しかし、企業からの休業補償があった者は休業した者の約半数であり、なかった者は37.5％である（**表11**）。非正規の方が休業補償を受けた者が多い。その他では有給休暇を取得したと回答した者が多かった。

　アンケートＢにおいて個人で申請を行う新型コロナウイルス感染症対応休業支援金・給付金を利用した者は正社員1名、非正規1名しかいない。2020年7月末

表10　2020年2月末から7月末までに休業をしたか

	回答者数	休業した	休業していない
正社員	51	27.5%	72.5%
非正規	70	47.1%	52.9%
就業者	127	39.4%	60.6%

出典：アンケートより筆者作成。

表11　勤務先から休業補償は支給されたか（休業したと回答した者）

	回答者数	休業補償があった	なし	その他
正社員	14	38.5%	53.8%	7.7%
非正規	33	57.6%	30.3%	12.1%
就業者	48	52.1%	37.5%	10.4%

出典：アンケートより筆者作成。

にアンケートを行ったため、制度ができてからの期間が短いため利用者は少なかったと思われる。しかし、10月末にアンケートを行った札幌市「ひとり親世帯臨時特別給付金受給者アンケート調査結果報告書」でも新型コロナウイルス感染症対応休業支援金・給付金を利用した児童扶養手当受給者は1％しかいない。雇用調整助成金の利用の難しい労働者を対象としている休業支援金もシングルマザーには浸透しているとは言えない。

　アンケートBの自由記述では、労働時間が減少し、収入が減っている者から休業補償に対する要望も寄せられた。雇用調整助成金でも10割が保障されるのは解雇を行っていない中小の事業所のみであり、すべての休業が保障されていない。

　　全額の休業補償をして欲しいです。（パート／サービス／高校生）B

新型コロナウイルス感染症による小学校休業等対応助成金では、本来であれば利用対象であるはずの母親も書類等の不備で利用できないケースも出ている。

　　子供が普通の風邪（喉の痛み）で学校を休んだ時に、出席停止の紙を頂けて、仕事場に提出すると助成金が出るんですけど、児童会館（学童保育：筆者）など土曜日・利用している時、利用できないです！という紙がないので、会社に助成の申請ができなかったです。（パート／サービス／小学校高学年）B

また、再三報道もなされているが事業主が対応しない（できない）ため、シングルマザーに影響が出ているケースもある。自由記述欄では以下の記入があった。

　　小学校休業等対応助成金を一度会社にお願いしたがことわられた。今回病気で退職する事になりもう一度お願いしたが、申請してくれるか解らない。（求職中／小学校低学年）B

企業が制度を利用して休業補償をしっかり行う事は、働くシングルマザーのみならず労働者の経済基盤を支えるためにも必要である。行政からの企業、労働者

への再度の情報発信、また申請が簡単に行えるような支援も必要である。

6．シングルマザーの労働の変化と必要とされる支援策
──休業補償では解決しない課題

　改めてシングルマザーのコロナ禍における働き方の変化を検討すると、休業の問題だけでなく賃金や労働時間といった労働条件の悪化が見られる。

（1）就業状況

　アンケートBにおいて2月末から7月末までの就業状況の変化についてみると（**表12**）、就業者の多くの者は2月末と同じ仕事を続けている。正社員はほとんど変化がないが、非正規は正社員に比べれば変化があった者が多く、新たに職に就いた者もいる。「副業を増やした」5.6％や「自己都合で退職した（後非正規で就労している）」5.6％、「未就業であったが就職した」4.2％や「解雇や雇い止めにあった（後非正規で就労している）」5.6％もおり、コロナ禍で全体の求人が減っている中でも自立のための努力がなされている事がわかる。

　コロナ禍でもシングルマザーの職業移動があるのは、先に見たように全般的には有効求人倍率は下がっているものの、一部には人手不足となっている職種があるためである。前出の北海道労働局「レイバーレター」を見ると、2020年8月の北海道全体の有効求人倍率は0.94であるが、保育士・福祉相談員等の求人倍率は2.06、以下同様にホームヘルパー・ケアワーカー3.22、コールセンター職員が

表12　2020年2月末から7月末においての仕事の状況の変化

	同じ仕事を続けている	副業をはじめた、増やした	副業を減らした、やめた	未就業だったが就職した	解雇や雇い止めにあった	自己都合で退職した	未就業のまま	回答者
正社員	94.1%	2.0%	2.0%	0.0%	0.0%	2.0%	0.0%	51
非正規	80.3%	5.6%	1.4%	4.2%	2.8%	5.6%	0.0%	71
就業者	84.4%	5.5%	2.3%	2.3%	1.6%	2.3%	0.0%	128
未就業者	0.0%	0.0%	0.0%	0.0%	15.4%	7.7%	76.9%	13

出典：アンケートより筆者作成。

含まれる営業販売事務1.01、スーパーの販売員などが含まれる販売店員・訪問販売員1.18である。

　しかし、コロナ禍の影響で職を失った者もいる。副業を継続出来なかった者が3名おり、そのうちの1名は「ダブルワーク先の1か所契約満了とされる（コロナがなければ継続だった）。もう一方の仕事も利用者減少のためシフト減」と回答している。

　7月末現在、未就業者13名のうち3名は学生や職業訓練中であるが、のこり10名のうち2名は2月末から7月末までの間に「雇い止めや解雇」に遭い、1名は「自己都合退職」で失職している。「雇い止めや解雇」の1名は生活保護を受給し、1名は雇用保険を受給している。数は少ないが、2月末から7月末までの間に仕事の環境が激変し、経済苦に陥っているシングルマザーもいる。

(2) 就業時間の変化

1) 就業時間の変化

　アンケートBにおいて2020年2月と7月の就業時間の変化をみると（**表13**）、2月と比べて就業時間の変化がない者が半数以上であるが、「減っている」が正社員、非正規とも約2割、「増えている」が正社員15.7%、非正規では26.8%となっている。非正規の方が正社員に比べて変化があった者が多い。どのような者に変化があったのか、職種と就業状況の変化を併せて検討する。

　2月と比べた7月の就業時間が「変化無し」と回答した正社員は32名であり、全員が2月末と同じ職場で働いている。非正規は35名、うち34名は2月末と同じ職場で働いており、1名が「副業を始めた、増やした」と回答している。

　2月と比べた7月の就業時間が「増えている」と回答した正社員は8名であり、

表13　2020年2月と比べた7月の就業時間の変化

	変化無し	増えている	減っている	回答者
正社員	64.7%	15.7%	19.6%	51
非正規	49.3%	26.8%	23.9%	71
就業者	55.5%	22.7%	21.9%	128

出典：アンケートより筆者作成。

職種の内訳は専門・技術7名、事務1名である。専門・技術のうち5名が医療・福祉職である。非正規では19名が「増えている」と回答し、職種の内訳を見ると専門・技術2名、事務6名、販売3名、サービス4名である。職種は多岐に渡っており、勤務先の企業の業種やシングルマザーが就いている役職等によって個人の就業状況がかなり異なり、就業時間が伸びている者がいる。

　正社員で就業時間が伸びた全員は2月末と同じ職場で働いているが、非正規の中には副業を始めた者が2名、未就業だったが就業した者が3名いる。就業状況が変わった事によって労働時間が増加している者もいる。

　2月と比べた7月の就業時間が「減っている」と回答した正社員は10名であり、職種の内訳を見ると専門・技術1名、販売4名、事務3名、運輸1名である。非正規は17人で、事務4名、サービス8名、販売2名となっている。職種は多岐に渡っており、同じ職種でも就業時間が増えた者と減った者がおり、職種だけでなく個人の職場でのポジション等の働き方の差異が現れているものと考えられる。

　7月の就業時間が「減っている」と回答した正社員では、副業を始めた者が1名、自己都合で退職して再就職した者が1名いる。非正規では、1名は副業を辞め、2名が解雇や雇い止めにあったが非正規で再就職した者である。このような職場の移動等で就業時間が変化した者もいる。

　就業時間の減少の理由についてみると（**表14**）、その理由は「勤務先から1日の労働時間を短縮されたり、シフト（日数）を減らされた」や「受注量が減ったり、取引先が減っている」、「勤務先から自宅待機を命じられた」が多く、5月末

表14　労働時間が減っていると回答した主な理由

	自分で1日の労働時間やシフト（日数）を減らした	自分で仕事を休んでいる	自分で受注量や取引先を減らした	勤務先から1日の労働時間を短縮されたり、シフト（日数）を減らされた	受注量が減ったり、取引先が減っている	勤務先から自宅待機を命じられた	解雇された	回答者数
正社員	20.0%	0.0%	0.0%	40.0%	30.0%	10.0%	0.0%	10
非正規	17.6%	5.9%	0.0%	47.1%	5.9%	17.6%	5.9%	17
就業者	21.4%	3.6%	0.0%	42.9%	14.3%	14.3%	3.6%	28

出典：アンケートより筆者作成。

に臨時休校も終わったため子どものためにシングルマザーが自分から仕事を休んでいるのではなく、勤務先の都合で就業時間が短くなっている者が多いと言える。

2）就業収入と就業時間の変化

　次に就業収入の増減と就業時間の変化について検討する。**図2**のように多くの者は収入の増減と就業時間の増減は相関があると考えられるが、その一方で収入が変化しない、あるいは収入が減っているのに就業時間が変化なし、あるいは増加している者がみられる。このような労働条件の悪化が職種によって生じているのかを検討する。

　7月末で収入が増加している者は就業者全体の12.5％である。正社員では5名、全員が専門・技術であり、そのうち4名が医療福祉職であり、4名とも2月末より労働時間が増えたと回答している。非正規で収入が増加しているのは11名であるが、職種の内訳は専門・技術1名、販売2名、サービス4名、事務2名、職種不明2名である。事務1名を除く全員が、労働時間が伸びたと回答している。多くの者は就業時間の増加と収入の増加に相関があると考えられる。

　就業収入に変化がなかったのは就業者全体の57％である。正社員は32名であ

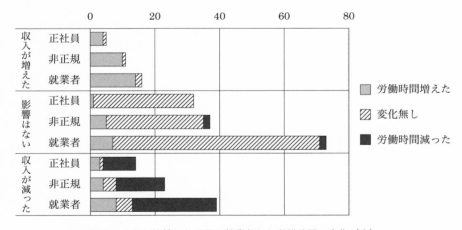

図2　2月と比較した7月の就業収入と労働時間の変化（人）

るが、うち事務職1名が労働時間増えたと回答している。非正規は37名うち5名は労働時間が増加したと回答しており、職種は専門・技術1名、サービス2名、販売1名、事務職1名である。多様な職種で労働時間が伸びたにも関わらず、収入が伸びてない者が生じている。

　就業収入が減少した者は就業者の30.5％である。正社員は14名であり、職種は、専門・技術4名、事務3名、販売4名、製造1名、運輸1名となっている。労働時間は9名が減少しているが、3名（全員専門・技術）が増加しており、1名（職種不明）は変化がない。正社員では専門・技術職で労働時間が伸びたにも関わらず、収入が減った者が生じている。アンケートの自由記述欄では以下の記入があった。

　　看護師という職業から、人員確保できず、残業の日が続き帰宅が遅く、子供に迷惑がかかりました（ボーナスは減給でした）。母子会（札母連の事：筆者）に入っており、お弁当、おやつ、お米の支給があり、大変助かりました。帰宅が21時になることがあり、子供は学校休校でごはん用意（3食）は体力、精神的に辛かったのですが、（札母連を通じて企業やNPO等からの寄付があり：筆者）夜／週3回お弁当が支給されることで大変助かりました。子供が母を待つことなく食事がとれたので一番でした。一番子供に迷惑かけることが、心が痛かったので、減給ながらもおやつおいつもと変わらず食べられ感謝です。（正社員／専門・技術／中学生)B

　非正規で減収になっているのは23名、職種の内訳は、専門・技術1名、事務7名、販売3名、サービス10名、職種不明2名となっている。労働時間は14名が減少しているが、4名（全員事務）は労働時間が増加しており、4名は変化がない（専門・技術1名、販売1名、サービス2名）と回答している。非正規では事務等多様な職種で労働時間が変わらないのに、あるいは伸びたにも関わらず、収入が減った者が生じている。

　非正規では経済的にかなり苦しい者もいる。アンケートの自由記述欄では以下の記入があった。彼女は働いているにもかかわらず公的な支援へアクセスできて

いない。

　　　3月末で自己都合で退職しました。コロナの影響なのか仕事が全然みつか
　　らず。短期雇用の仕事をやっとみつけて働いています。高校生の子どもがお
　　り修学旅行の積立が生活に重くのしかかっています。小中学生のように修学
　　旅行の就学援助があるとありがたいです。パート職の為子どもが体調を崩す
　　と、収入に大きくひびきます。学校ではコロナの影響もあり、少し咳が出て
　　ても、休ませて下さいと言われ、収入が減りとてもきびしいです。仕事をし
　　ながらまた秋からの仕事を探さなければならず、仕事を休まず、仕事を探す
　　のはきびしいです。毎週じゃなくても土日仕事を探す相談に応じてくれる所
　　があるとありがたいです。シングルマザーで正社員を探すのは今の状況では
　　無理です。シングルマザーはパワハラにあっても仕事を辞めるべきではなか
　　ったのでしょうか？　やっとのことで仕事を辞めることができ、ちょうど
　　時期がコロナとぶつかり、今後どう生活していけばよいのか不安でなりませ
　　ん。市民税・道民税も今の収入では支払い出来ません。督促状もきています
　　が、どうしたら良いのか……。相談したくても区役所がやっているのは5時
　　までだし、待って頂ける制度を考えて欲しい。今の収入が少ないのに支払い
　　をするのは無理です。（パート／事務／小学校高学年）B

　シングルマザーの労働、経済状況を「コロナ禍→子どものケア負担の増加→休
業や労働時間の短縮→減収」と一般的には考えがちであるが、職種だけでなく職
場によって、あるいは職場でのポジション等の違いにより個人によってコロナ禍
の前より就業時間が伸びている、あるいは変わらないにも関わらず減収となって
いる者がいる事が分かった。コロナ禍で感染に怯えながらも労働した分が賃金に
反映されるような仕組みがなければ労働者が困窮し、「働き損」になってしまう。
これはシングルマザーだけの問題ではなく労働者全体に関わる事であるし、シン
グルマザーの働く事へのモチベーションを奪いかねない。また、勤務先の都合で
労働時間が減り収入も減少している就業者への休業補償を企業が制度を利用して
しっかり行う必要もある。減収になっているシングルマザーに一時的な給付金を

出すという考えだけでなく、休業補償や働いた分の賃金が確実に支給されるように、行政が企業に働きかけることも必要であろう。そうでなければ、シングルマザーに対して自立のために就業支援を行ってきた事と矛盾が生じてしまう。

7．まとめと今後の課題

　シングルマザーは長く「働いても貧困」の状態に置かれてきたが、これまで述べてきたようにコロナ禍によって経済状況がさらに悪化している者は少なくない。しかしながら、公的な経済的支援や休業補償を利用できていない、支援にアクセスできていないケースも発生している。また、感染の危険を顧みず働いているのにコロナ禍の前より労働条件が悪化している者もいる。そこへの支援は全く議論されていない。

　今後、ポストコロナをにらみシングルマザーへの支援として厚労省が重視しているのは職業能力開発である。シングルマザーの職業能力開発はこれまでも支援の大きな柱であった（中囿 2021: 第1章）。厚労省は「安定就労を通じた中長期的な自立支援や住居確保につながるひとり親自立促進パッケージ（仮称）」を策定し、現在ある高等職業訓練促進給付金制度の給付対象の拡大を計画している。1年以上の訓練を必要とし、看護師や准看護師、介護福祉士等の国家資格等の取得の場合が対象となっている現行制度を6ヶ月以上の訓練を通常必要とする民間資格等の取得の場合も新たに給付対象とし、支援対象を広げる考えである。この拡充の対象とされているのは、デジタル分野の資格や講座（Webクリエイター、CAD、LPIC等）や、輸送・機械運転関係、技術・農業関係の資格や講座等である。2021年から始まった政府のデジタル化の促進や人材不足の職種に労働移動を促進するのが目的である。

　加えて職業訓練を受けるものに対しては、生活困窮者に対する住居確保給付金とは別に、住居の借り上げに必要となる資金の償還免除付の無利子貸付制度（月4万円を上限）を創設し、1年間の就労継続後に貸付金の償還を一括して免除する等の自立へのインセンティブ方策を導入する[29]。

　もちろん、公的な職業能力開発が充実し、労働移動を促進することは否定され

るものではないが、その教育訓練の結果労働者が身につけたスキルや資格を公平に評価するシステムが企業、日本の労働社会に存在しないなら、労働者の努力が報われない結果に終わってしまう。これまでの日本労働社会学会の研究の蓄積は、メンバーシップ型の日本企業においてハイタレントな労働者が非正規雇用であれば低賃金で働かざるをえない現実を明らかにしてきた。正社員‒非正規の格差、男性と女性のジェンダー格差、これらを乗り越える公平な採用や賃金評価を含んだ雇用システムを作り上げなければ、私たちがポストコロナ時代の労働社会を見通すことはできないだろう。

〔注〕

1　公益社団法人　札幌市母子寡婦福祉連合会のことである。1954年設立。2020年4月1日現在、個人会員831、団体会員10、賛助会員12が加入している。札母連の詳しい活動は（中囿　2021第6章）、札母連HP（http://satsuboren.or.jp）参照のこと。

2　「非正規雇用労働者（パート・アルバイト、派遣社員、契約社員、嘱託等）の解雇等見込み数は、2020年5月25日より把握開始しており、解雇等見込み労働者総数の内訳になっているものではないことに留意が必要」との注記あり。

3　総務省統計局　労働力調査（基本集計）「2020年　平均結果の概要（グラフを用いた解説）」（https://www.stat.go.jp/data/roudou/sokuhou/nen/ft/pdf/index.pdf　2021年5月13日閲覧）

4　2020年12月5日放送「NHKスペシャル『コロナ危機　女性に今何が』」では、新型コロナウイルスの感染拡大によって、女性たちの雇用や生活がより厳しい状況に追い込まれている現状が報道された。『日本経済新聞』2021年5月1日「苦境　女性・非正規に集中」では、2020年度において非正規雇用の女性が65万人減少し、男性非正規の2倍上の落ち込みと報じている。

5　「Labor Latter 令和2年度版」（https://jsite.mhlw.go.jp/hokkaido-roudoukyoku/content/contents/000863242.pdf　2021年5月3日閲覧）

6　月間有効求人数、月間有効求職者数は年度平均値。

7　アンケートAでは、母親の属性を（雇用形態／職種／子どもの学年)Aと表記する。

8　アンケートBでは、母親の属性を（雇用形態／職種／末子学年)Bと表記する。

9　札幌市がひとり親世帯臨時特別給付金の受給者の状況を把握するため、児童扶養手当未受給の家計急変世帯（144世帯回収）と児童扶養手当受給世帯（209世帯回収）に対して行ったアンケート調査。2020年10月実施。2020年10月時点での就労状況は正社員27.8％、パート・アルバイト34.4％、派遣・契約社員11.0％、自営3.3％、無職14.4％、会社・団体の役員1.0％、無回答7.7％である。札幌市子育て支援HP「ひとり親世帯臨時特別給付金受給者アンケート調査結果報告書」（https://kosodate.city.sapporo.jp/material/files/group/1/

　　　hitorioya-tokubetu-kyuhukin.pdf　2021年5月4日閲覧）

10　厚労省HP「非正規雇用労働者、女性、ひとり親世帯等への新たな支援」2021年3月16日
　　（https://www.cas.go.jp/jp/seisaku/corona_hiseiki/dai1/siryou2.pdf　2021年5月5日閲覧）

11　厚労省HP「生活支援特設ホームページ　生活福祉資金の特例・住宅確保給付金」（https://
　　corona-support.mhlw.go.jp/　2021年5月5日閲覧）

12　厚労省HP「新型コロナウイルス感染症拡大に伴う特例措置である緊急小口資金等の特
　　例貸付の申請受付期間の延長、償還免除の取扱いについて」（https://www.mhlw.go.jp/content
　　/12003000/000753778.pdf　2021年5月5日閲覧）

13　厚労省HP「総合支援資金の再貸し付けを実施します」（https://www.mhlw.go.jp/content
　　/12003000/000732404.pdf　2021年5月5日閲覧）

14　注10を参照。

15　注10を参照。

16　厚労省HP「生活を支えるための支援のご案内」（https://www.mhlw.go.jp/content/10900000
　　/000625688.pdf　2021年5月4日閲覧）

17　札幌市子育て支援HP「札幌市家計急変ひとり親世帯臨時特別支援金について」（https://
　　kosodate.city.sapporo.jp/mokuteki/money/hitorioya/10431.html　2021年5月4日閲覧）

18　厚労省HP「低所得の子育て世帯に対する子育て世帯生活支援特別給付金（ひとり親世
　　帯分）」（https://www.mhlw.go.jp/stf/newpage_11456.html　2021年5月4日閲覧）

19　厚労省HP「小学校等の臨時休業に伴う保護者の休暇取得支援のための新たな助成金を創
　　設しました」（https://www.mhlw.go.jp/stf/seisakunitsuite/bunya/koyou_roudou/koyou/kyufukin /
　　pageL07_00002.html　2021年5月6日閲覧）

20　注10を参照。

21　注10を参照。

22　注10を参照。

23　厚労省HP「新型コロナウイルス感染症の影響を踏まえ 雇用調整助成金の特例を拡充し
　　ます」（https://www.mhlw.go.jp/content/000620879.pdf　2021年5月3日閲覧）

24　このため雇用保険に加入していない非正規労働者は、休業は保障されるが失業給付がな
　　いという状況に陥っている。（濱口　2020Ⅱ）

25　雇用保険の支出が膨らみ財源が厳しい状況となっている。朝日新聞　2021年3月1日
　　朝刊　「雇用保険　コロナでピンチ　休業助成リーマン時の4倍支出」

26　厚労省HP「雇用調整助成金（新型コロナウイルス感染症の影響に伴う特例）」（https://
　　www.mhlw.go.jp/stf/seisakunitsuite/bunya/koyou_roudou/koyou/kyufukin/pageL07.html　2021
　　年5月6日閲覧）

27　厚労省HP「新型コロナウイルス感染症対応休業支援金関係情報の公開について」（https://
　　www.mhlw.go.jp/content/11607000/000646875.pdf　2021年5月6日閲覧）

28　休業支援金の支給の少なさをマスコミも報じている。日本経済新聞　2021年2月26日
　　「休業支援金、執行1割のみ」

29　注10を参照。

〔参考文献〕

濱口桂一郎（2020)『新型コロナウイルスと労働政策の未来』JILPT

中囿桐代（2021)『シングルマザーの貧困はなぜ解消されないのか　働いても貧困の現実と支援の課題』勁草書房

中囿桐代（2020)「コロナウイルス感染症拡大による臨時休校がシングルマザーに与える影響：札幌市母子寡婦福祉連合会・会員のアンケート報告」『季刊北海学園大学経済論集』68巻1号

—— 日本労働社会学会年報第32号〔2021年〕——

新型コロナウイルス感染症（COVID-19）と看護労働

小村 由香

（公益社団法人日本看護協会 労働政策部）

1. はじめに

　2020年1月から世界中で猛威をふるう新型コロナウイルス感染症（COVID-19）の拡大は、いまだ収束の見通しが立たない状況である。全国的にCOVID-19患者数や重症者数が急増し、医療体制は逼迫した状況にある。

　医療現場では、新型コロナウイルス患者（以下、COVID-19患者）の受け入れ開始とともに、施設のゾーニング[1]、病床の用意、そこに従事する看護職を含む医療従事者の配置、マニュアル整備、衛生材料や防護関連用具の確保等、様々な対応に追われた。COVID-19の診療を行った医療機関では、感染症対応のため、病棟閉鎖や外来縮小を余儀なくされたことや、感染症専用病棟等では通常であれば別の職員が対応する業務を看護職が行い、業務過多となった。

　訪問看護では、合併症をもつ在宅療養者が多く、常に重症化リスクと隣り合わせとなり、介護施設では、感染管理に関わる看護師の業務負担が急増している。

　保健所では、住民からの相談対応や疫学調査、陽性者・濃厚接触者の入院調整、健康観察等、感染症対応に奔走しているが、保健所数はこの30年間で半減し、保健所保健師の業務増加による人員不足が深刻化している。

　また、常に高い緊張状態の中、看護職は心身ともに疲弊し、救える命を救えない事態も発生しており、その喪失感にも苛まれている。自分たちは本当に必要なケアを提供できているのだろうか、そんな声も聞こえてくる。感染拡大が始まった第一波のころには、医療従事者への嫌悪や誹謗中傷にも悩まされたが、感染拡大の長期化により、メンタルケアを必要とする看護職も増加している。

　医療現場のひっ迫、厳しい環境のなかで、未知のウイルスとの闘いに不安と恐怖を抱えながらも、医療現場で奮闘する看護職に対し、日本看護協会の福井会長は以下のようなメッセージを送った。

　　世界中の人々から予想外の形でわたしたちの職業が注目を集めることになってしまいましたが、2020年は、図らずもナイチンゲール生誕200周年です。疾病の歴史は、ウイルスとの戦いの歴史でもあります。世界の感染管理の礎を築いたのも、ナイチンゲール。ベッドの間隔を空けること、換気をすること、誰もが感染源になり得るという考えのもと、すなわちユニバーサル・プリコーションの考え方もナイチンゲールは、教えてくれました。ナイチンゲールが培ったものが今に引き継がれ、看護の真の力が認知されています。（2020年6月1日　福井会長からのメッセージ）

　本稿では、こうした状況下でCOVID-19に対応した看護職に関する実態について、『新型コロナウイルス　ナースたちの現場レポート　162人が激動の2020年を語る』に掲載された看護師たちの現場レポートと、看護職能団体として日本看護協会が行った支援活動、実態調査の結果を中心に述べる[2]。

2．COVID-19が医療現場に与えた影響

（1）COVID-19 感染症患者を受け入れる

　クルーズ船「ダイヤモンド・プリンセス号」で発生したCOVID-19患者受け入れ開始以来、軽症・中等症から重症まで多数の観戦患者の入院の受け入れを行っている聖マリアンナ医科大学病院救命救急センター看護師長　熊木孝代氏は、医療機関での当時の状況について、次のように記述している。

　　COVID-19患者を受け入れるにあたり、救命救急センター内のICUの一部3床とHCU[3]フロアで、まず陰圧管理のための改修工事を始めた。フロアをゾーニングすることで動線の確保と治療やケアに必要な物品や手順等、多く

の準備と環境の整備が必要となった。

　これまでの通常モードでは、決められた看護師配置人数が割り当てられ、療養環境は開放的であり、治療も標準化され、医療者も職種ごとにそれぞれの業務を行っていた。COVID-19患者の受け入れが開始されると、環境は陰圧管理が必要となる閉鎖空間で、人工呼吸器はECMOが複数台稼働し、これまでみていたHCUよりはるかに重症度が高い患者が一気に収容された。（190-191頁）

そこで、マンパワーの不足も切実な問題となっていった。

　これまでHCUとして稼働させていた病床を急遽ICUへと変更したため、4対1ではなく2対1の人員配置が必要となった。しかしECMOを装着している患者は2対1ではみきれず、1対1以上、さらに逆転して2対1の看護師数が必要となり、計算上でも、COVID-19専用フロアでは6人以上の看護師の増員が必要となった。（192頁）

さらに医療従事者を守るための個人防護具（PPE[4]）の装着は、看護師に思わぬ影響を与えていた。

　看護師が大切にする五感がフルに活用できなくなり、においを嗅ぐ、聴診器で音を聞く、素手で患者に触れ、感じるという行為ができにくい状況が発生した。また、これまで看護助手あるいは清掃員が担ってきた清掃、物資の洗浄や補充は、それらのスタッフが閉鎖空間に入れなくなったため、すべて看護師が担うことになった。

　加えて、一度PPE装着をして隔離フロアに入るとそう簡単に出ることはできないため、スタッフは汗だくになり、疲労感が蓄積していった。医療機器が発する熱は、空調だけでは抑えることができず、体感温度は上昇し、PPEを装着している窮屈感や、視界が狭くなり孤立感が増すなかで業務にあたることになった。（192-193頁）

　同院では感染患者受け入れに際し、受け入れ体制、病棟レイアウト、患者診療場所・移動動線の管理、物資のサプライの現状把握、ガウン・マスク・消毒薬等の補充、個人防護具（PPE）の装着指導動画の作成、薬剤の備蓄・補充、病院出入口管理、コロナ診療チームメンバーの宿舎確保、小・中・高校の臨時休校に対する職員の子ども預かり、診療に従事するスタッフのストレスチェック等、多岐にわたる事項について検討を行い対処した。

（2）コロナ病棟、コロナ対応の担当になること

　COVID-19 感染症患者を受け入れることが決まった病棟の看護師たちも動揺した。東京慈恵会医科大学付属病院看護師長代理　宮田七重氏（B）によると、「2月11日、朝の申し送りで、師長からA病棟でクルーズ船の新型コロナウイルス患者の受け入れが決まったことが伝えられると、3人の看護師が緊張のあまり倒れた。」（28頁）という。

　　スタッフから「ショックです」「モチベーションが下がります」「なんでこの病棟なんですか」「他の病棟ではみないのですか」などの言葉が聞かれた。家族から「仕事を辞めて実家に帰ってきてほしい」と言われている者もいた。先の見えない感染症に対して、スタッフも私自身も動揺し、とても不安になっていた。その一方で、病院としての社会的責任を果たしていかねばならないことは理解しており、使命感とのはざまで揺れ動いていた。

　　受け入れ当初は、入院ルートやICU入室ルートをどうするか、患者が使用した食器類、リネン類、洗濯物、検査、買い物はどうするのか、汚染エリアから物品を持ち出すときはどうしたらよいのかなど、毎日が初めて経験することばかりで、主任として感染対策部や感染症科医師にその都度相談しながら、一つひとつ問題を解決していくような状況であった。

　　つらかったことは、「患者に使用したリネン類は破棄してほしい」「物品の納品に行けない」「いったんA病棟にあげた薬品は現場で廃棄してほしい」と

いった様々な部署からの反応であった。

　「A病棟には行きたくない、感染したくない」などと言う他病棟のスタッフもいた。当病棟のスタッフ自身も毎日、感染するのではないかとおびえながら、緊張した状態で仕事をしているなか、同じ病院スタッフのこれらの言葉にショックを受け、とても心が傷ついた。（29頁）

　今まで呼吸器疾患患者、重傷者をほとんど看護した経験がない若いスタッフたちは、先の見えない不安と、自分も感染するのではないか、家族に感染させてしまうのではないかなど、様々な思いが交錯していた。（30頁）

さらに、院内感染の発生が追い打ちをかけた。

　4月に院内感染が発生すると、病院中に衝撃が走った。外来初診患者および救急患者の受け入れを中止し、予定手術は延期せざるを得ない状況に陥った。院内感染について、速やかに病院ホームページ上で公表し、テレビやネットニュースとして流れた。外来・入院患者は激減し、予約の取り消しなどの問い合わせが殺到した。一時は1日数万件を超える電話があり、特定機能病院[5]としての機能がほとんど果たせなくなる事態となった。（31頁）

　患者からは「看護師に感染させられた」「院内感染も隔離も、病院のせいだ」「肺がんの放射線治療は25回中あと5回だった。私は感染させられてそっちは完全防備でうつらないようにしている」「がんの治療で入院してきたのに治療を中断された。いつ治療を再開できるのか」「治療しないなら見放してほしい」等、とても激しい言葉をぶつけられた。患者もテレビをつければ新型コロナウイルス感染症の話題ばかりで、確立された治療法もなく、先の見通しも立たず、この怒りをどこにぶつけていいのか、治療中断により原疾患が悪化していくのではないか、と複雑な思いを抱えての療養生活であった（32頁）

　院内感染が発生すると、患者と職員のPCR検査が必要となる。都内にある400床の総合病院である公益財団法人ライフ・エクステンション研究所付属永寿総合病院で看護部長をつとめる北川順子氏は次のように述懐している。

　　コロナ感染は、はじめは誰も気がつかないうちにそっと広がり、そのうち誰かが発症して「もしかして……」となる。でもそれは、いろいろな経験をした今だからこそわかることだ——そんなことが過去にあったな、といつか思う時が来るのか。(2頁)

　同院では、2月にCOVID-19に感染していると誰も気づかないまま入院していた患者さんがいた。患者さんは渡航歴がないためPCR検査の対象にはならなかった。しかし、次第に体調不良者の数が増え、発熱した職員がPCR検査の結果、陽性であることが判明した。院内感染が発生していたのである。

　　検査結果が返ってくるのは3日後。全職員の検査が終了するまでに9日間を要した。陽性者が出た病棟の職員は自宅待機14日となるため、2週間ごとにメンバーや勤務表が変わる状況であったという。さらに、防護服、マスク、消毒液が不足し始めると、出勤すればそのぶんマスクや消毒液は必要になるため、出勤制限がかかった。

　それから同院ではCOVID-19と闘う怒涛の日々が始まったといってよいだろう。現場は混乱していた。

　　業務がスムーズに流れない原因は情報不足。誰に聞いても答えがあいまいで、どうすればよいか分からない。誰も責任をもって指示を出せない。滞るという悪循環。刻一刻と変化する状況であるにもかかわらず、防護服を着ると半日は掲示板を見られない。情報共有をしていくと、自分たちで役割分担をして、優先順位をつけて循環するようになった。(5頁)

　北川看護部長は、院内でCOVID-19に直接的に対応している部署で職員の疲労が顕著になる一方で、どう協力していいか分からない部署やいつもと変わらない業務をする人との間でゆがみが生じ始めていたことを感じていた。

　　職員から心ない言葉をかけられ「行きたくて感染病棟に行ったわけでもないのにと泣きながら訴える配置転換になった職員がいた。たまたまドア越しにそれを聞いてしまい、自分に発せられた声ではないが傷ついた職員もいた。……泣きながら防護服を着たり、着せたりする職員たち。「困りごとは直属の上司だけでなく、どの管理職に話してもよい」小児科医、精神科医、臨床心理士とともにメンタルサポートチームを発足した。（4頁）

（3）あっという間の死に遭遇することへの無力感

　COVI-19の怖さは、感染力の強さと状態の急変であろう。COVID-19重症患者の対応を行った聖マリアンナ医科大学病院の熊木看護師長は次のように述べている。

　　COVIT-19重症患者用の病床がどんどん増えていく一方、治療は手探りのままであり、患者の状態の改善は見えないまま、人工心肺装置や血液浄化装置が追加されていった。重症化が進み、急変し、あっという間の死の訪れに直面した。重症COVIT-19は確立された治療もなく、最善の治療をしてもなかなかよくならず、たくさんの方が亡くなった。

　　治療が最優先されるなかで、普段、当院の看護師が大切にしている更衣や整容、部分浴や全身清拭といった保清ケアが施行できず、もどかしさを強く感じる声がスタッフから聞かれた。また、相当な時間を費やし懸命に治療しているはずなのに、急変し、あっという間の死に遭遇し、何もすることができない無力感に苛まれ、疲弊感を強く感じるという声も聴かれた。（194-195頁）

　　ご遺体の死後の処置をするだけでなく、ビニール製の袋に入れて納棺するといった、看護業務の範疇を超えた初めての体験もした。とまどいながらもこれを幾度となく行った看護師は、「COVIT-19で亡くなると、このような

扱いをされなければならないのか」と、かなりの衝撃を受けたようだった。
（194-195頁）

北川看護部長もまた患者の死に遭遇しやりきれない思いをしていた。

　　血液内科ではコロナ感染者が特に多く、たくさんの患者さんを看送った。病室に残った荷物から患者さんが大事にされていたものや、家族への思いなどが伝わってきたが、当初、荷物は一切持ち出すことができないと指導を受けていたため、家族にお詫びして廃棄した。ご遺体と一緒に納体袋に入れられたのは小さなお菓子くらいだった。……火葬場も順番待ちで、たくさんのご遺体が霊安室、解剖室、保冷庫を埋めた。師長たちはこの光景をスタッフに見せるわけにはいかないと、毎日担当を決めて死後の処置をしていった。
（6-7頁）

（4）管理職の苦悩──スタッフは返す、管理職は帰れない

　不安を抱えながら患者と向き合う看護師の管理者たちもまた不安と孤独の中で、スタッフを守ろうと奔走していた。

　　防護服で汗だくになり、受け持ったことのない疾患の患者さんたちを看るため、配置転換された職員の緊張が高いと判断し、管理職たちはスタッフを提示で帰宅させる工夫をしていた。患者さんと職員のPCR検査結果が返ってくる20時過ぎ、陽性だった患者さんのベッド移動、ステルベン処置（死後の処置）、職員への連絡と勤務調整、物品の補充、役割分担……管理者たちは、家族よりも多くの時間を共に過ごしていた。
　　（中略）
　　心ないひと言を他の職員に対して言ってしまう看護職員がいた。その看護職員が、患者さんと接する危険な業務を担っているとわかっているから、言われたほうも何も言わずに黙ってくれていたことを後で知る。申し訳ない気持ちでいっぱいだ。一度は同じ感染の収束という目的に向かって動いていた

ものが、時間の経過とともに目的を見失い、関係性が崩壊する。災害時にはどうしても避けられない、どうすることもできないときがいよいよ来たと感じ始めていた。（8頁）

そうしたなかで、同院のためのクラウドファンディングが立ち上がり、同院のOB、OGをふくめ全国からたくさんの応援メッセージが集まった。「何度も繰り返し読んでは心温められた。職員の家族も、気持ちが救われた」（11頁）という。

（5）困難のなかで見えた光、受け入れを続けているなかでの学びと喜び

未曾有の出来事に右往左往しながらも、この経験を今後の看護に活かしていこうとする前向きな姿も見えてきた。

COVIT-19重症患者の受け入れは苦しさを伴うものであるが、自分たちの学びとなっていること、うれしいと思えることが支えになっていった。普段すがたも見る機会が少ないECMO人工心肺装置の管理を、若いスタッフが調整看護師の監視のもとで実際に受け持つことができたことは、教育的に意味があった。

また、通常の救命救急センターは、緊急入院時からバイタルサインが安定する1〜2日で患者は一般病棟へ移動する病床稼働率が高い部署である。しかし、COVIT-19患者は状態が安定しても、気管切開術や呼吸器ウィーニング・離脱、離床まで可能にならないと、転棟や転院が困難であるため、患者との長期間のかかわりができるようになった。回復期に至るリハビリ期など、今までの救命救急センターでは携わることができなかった一連の過程にかかわることができるという喜びを感じることができた。（197頁）

（6）軽症者宿泊料用施設でCOVID-19対応

都内宿泊施設で勤務したAさんによると、都内宿泊施設では医療者は看護師が24時間、医師は日中のみ滞在している。看護師の役割は、入室した療養者に対し、保健所からの情報を参照しながら電話問診を行う。その後も、1日2回の検

と動脈血の酸素飽和度を測定し、療養者自身のスマートフォンから送られてくる内容を確認し、症状の悪化や相談を受けた際には電話をかけて対応を行う。

　　病院での勤務と最も異なるのは、療養者とのやりとりが電話問診のみであること。相手の表情を見たり呼吸音を聴取するなどのフィジカルアセスメントができず、健康管理が不十分になってしまうのではないかと考える看護師は少なくない。（276頁）

京都府内で勤務したＢさんは、宿泊施設での看護でいちばん不安だったのは、急変があったときに迅速に対処が行えるか、であったという。

　　病院であれば普通は供えられている設備が何もなく、ルート確保も酸素吸入もできない。何よりも直接患者と接して状態確認ができるわけではないので、急変を察知できるかが気がかりだった。報道等でコロナは急激に悪化することがあると聞いていたのでなおさらだった。（280-281頁）

Ｂさんは、気になる患者がいれば看護師皆で情報共有し、こまめに体調確認を行い、医師に報告・相談した。患者本人にも症状の悪化があればすぐに連絡するよう繰り返し伝え、急変の兆候を見逃さないよう注意を払った。

　　コロナは確かに未知のウイルスではあったが、患者の全身状態の観察とアセスメントの繰り返しという看護の基本は、未知であろうとなかろうと、その有効性はかわらなかったのだなと振り返って思う。（281頁）

そして病院勤務では得られなかった多くの経験をすることができたという。

　　宿泊施設での看護では、患者と直接会えないなど、病院での看護とは異なり多くの制約があった。しかし限られた状況であっても、看護は力を発揮することができるという実感も得た。一方でこういう状態での看護を経験した

からこそ、患者と直接対面し、時にはその手や身体に触れることの強みをしみじみと感じた。物理的にも寄り添うこと――寄り添えることはとても大切で、それをごく自然なこととして行ってしまえる看護の仕事ってすごいなあと、看護でよかったなあと。（283-284頁）

　大阪府のCさんは、患者との直接的なやり取りが少ない中で、患者の状態観察やコミュニケーションをとろうと自分なりの工夫をした。

　　電話でのやり取りが中心で、顔を合わせる機会が少なかったため、食事をとりに来られた時に顔を見て挨拶をすることで、療養者の表情を観察した。療養者も顔を合わせるとあいさつ以外にひと言声をかけてくださり、ついでに相談や質問される方もいて、顔を合わせることで得られる情報の多さや、アイコンタクトや表情でのコミュニケーションの大切さを実感した。（289頁）

　　宿泊療養施設と病院との看護の大きな違いは、宿泊療養所ではベッドサイドで看護ができないことだと思う。療養者の手を取り、背中をさすりながら寄り添いたいと思う場面が多々あり、とてももどかしい思いをした。（290頁）

　　緊急事態の中で、療養者の状況の変化に合わせて、その都度必要なケアを考えて実践できたことは重要であり、やりがいを感じることができた。どのような状況でも療養者のいちばん近くには看護師がいて、安心感を与えられる存在でいることが大切である。
　　今回の経験を通して、「看護」は病院だけでなく、必要とされるところで、いつでもどこでも提供することができると感じた。（291頁）

　本節では、COVID-19に様々な形で立ち向かった看護師たちの現場レポートの一部を紹介した。本稿で紹介したものはごく一部に過ぎず、実際にはスタッフも管理者も、看護師一人ひとりの看護実践にまつわるストーリーがあるはずだ。病院、宿泊施設においても、これまでの看護業務とは異なる状況のもとでの看護実践

であった。過酷な現場のなかで、今回の経験を学びに変え、今後の看護実践の糧にしていこうとする姿に、看護師の患者と向き合う真摯な姿勢とたくましさを感じた。

3．COVID-19が看護職に与えた影響と日本看護協会の取り組み

　COVID-19対応に関して、2020年6月頃までの第1波では未知の感染症への対応に迫られ、現場では不安と混乱の中で、人員不足と体制整備、感染対策、防護具等の調達、情報不足等が大きな課題となった。

　日本看護協会は、COVID-19の対応者への支援体制を構築していくとともに、国や関係省庁への要望書の提出をはじめ、看護現場の人材確保や防護関連予防具等の確保、看護職の相談対応、医療従事者への偏見への対応など現場への負担が軽減されるよう、都道府県看護協会と連携しての取り組みを進めた。

（1）看護職員の確保

　日本の医療機関等においては、コロナ禍以前より、看護職の確保・定着が課題となるなど、人員不足が常態化していた。さらに、COVID-19の拡大・蔓延により、陽性・発症患者への対応や感染予防を図る体制で看護提供を行うために、さらに多くの看護職が必要となった。

　COVID-19患者を主に受け入れる集中治療室が満床になると、一般病棟においても人工呼吸器管理が必要な患者を受け入れることになる。また、多床室中心の病棟は、COVID-19患者専用の病棟にする必要がある。

　一般病棟入院基本料の看護師配置は、1人の看護師が7人の患者を受け持つ7対1と1人の看護師が10人の患者を受け持つ10対1の2種類がある。40床の病棟では、7対1看護師配置の場合は最低29人、10対1の場合は最低20人の看護師を配置する。

　一般病棟で人工呼吸器を使用するCOVID-19患者の管理を行う場合は、さらに手厚く看護師を配置する必要がある。ハイケアユニット基準である、1人の看護師が4人の患者を受け持つ4対1看護師配置の場合は48人、仮に5対1看護師配置とした場合は、39人必要となる。つまり一般病棟で感染患者を受け入れると、

患者4～5人に対して看護師1人の配置が必要になるため、少なくとも、10人の増員が必要となる。

　感染患者受け入れには、通常の看護師配置数よりも増員する必要があるため、看護管理者は様々な調整を行い対応した。具体的には、集中治療室への入室が必要な手術の延期や、外来患者の予約キャンセルなどによる患者数の減少などから、手術室看護師、外来看護師等の病棟への異動、また一般病棟を閉鎖し看護師を集中治療室へ異動するなどして、人員配置の再調整を行った[6]。

　そうした中で、2020年2月27日、今般の新型コロナウイルス感染症への対応の一環として、政府から小学校、中学校、高等学校等に対し、同年3月2日以降の臨時休業を要請されたことにより、看護職員の出勤が困難となるケースが生じた。

　2020年2月28日、厚生労働省「COVID-19防止のための学校の臨時休業に関連しての看護職員の確保について（依頼）」の通知を受け、本会は国、都道府県、都道府県看護協会と連携し、「看護職人材確保における関係機関の連携体制」の構築、「医療機関等における看護職の人材確保対策」を実施し、3月2日には、本会から都道府県看護協会へ、看護職の確保について都道府県からの要請に応じ、ナースセンターの職業紹介による確保等について協力を依頼した。

　新型コロナウイルスの感染拡大に伴い、病院、診療所等の医療機関、介護施設等での通常の看護業務、保育所や学童保育、小中学校、COVID-19に関する電話相談、軽症者の受け入れや相談センター等、看護職の就業が求められる場所は多岐にわたった。

　4月7日の緊急事態宣言発令を受け、翌8日には中央ナースセンター[7]から、eナースセンター求職登録者・届出制度登録者約50,000人の離職中の看護職に復職を求めるメールを配信した。メール送信直後より、「少しでも役に立ちたい」と、復職支援を無料で行っている都道府県のナースセンターへ問い合わせが多く寄せられた。

　2020年4月6日から2021年6月20日までに、都道府県ナースセンターには求職者からの問い合わせが13,930件あり、6,745人の看護職が就業した（**図1**）。そのうち3,122人が「ワクチン接種業務」、2,019人が「軽症者宿泊施設」、601人が「コロナ関連の相談対応コールセンター」での業務に従事するなど、

相談・問合せ数	看護職	34,889
	施設	3,824
	その他	1,549
求職者数		17,569
求人数		13,930
紹介数		11,630
就業者数		6,745

■ 就業者の就業場所

（名）

コロナ関連の相談対応コールセンター	601
軽症者宿泊施設	2,019
病院	94
診療所	40
その他の入所施設	54
その他施設	815
ワクチン接種業務※	3,122

（令和3年6月20日現在）

※2021年2月1日より「ワクチン接種業務」を項目に追加して集計

図1　COVID-19対応におけるナースセンターでの就業実績
注：2020年4月6日〜2021年6月20日までの累積。

COVID-19対応に寄与する潜在看護職の力は大きかった。

　2021年に入り、COVID-19のワクチン接種が本格化すると再び看護職確保のニーズが高まり、4月19日に中央ナースセンターから、eナースセンター求職・届け出制度登録者50,000人弱に再びメールでワクチン接種業務に関する就業依頼を行った。また、4月13日に、看護職へのワクチン接種に係る研修の実施を本会から都道府県看護協会へ要請した。6月24日時点で6,867名がワクチン接種に係る研修の受講を終え、業務にあたった。

（2）現場支援（相談対応・情報提供・支援物資）

　本会では2020年3月頃より、COVID-19によるリスクへの不安やストレス、感染管理等に関する不安や悩みについて、各担当部署において、電話やメールによる相談対応を行ってきた。感染拡大、蔓延の長期化を鑑み、日々ストレスにさらされている看護職への支援を強化するため、2020年4月20日からは総合窓口を開設した。

　2020年4月20日〜6月末までに、感染管理（247件）、労働関連（169件）、メンタルヘルス（68件）、その他ご意見・ご要望（99件）、感染予防相談窓口（2020年4月6日〜20日）119件、合計702件の相談が寄せられた。

　相談者の就業場所は大学病院や一般病院をはじめ、高齢者施設、訪問看護ス

テーション、身体障がい者施設、診療所、精神科病院等さまざまで、感染予防だけではなく、働き方やメンタルヘルスについても相談が多く、不安を抱えながらも職務を全うする看護職の身体的、精神的な負担が浮き彫りになった。

　相談内容を分析したところ、「感染管理」に関しては、小規模病院、診療所、介護・福祉施設等の感染管理を専門とする看護職の配置がない施設からの相談が多いことが明らかとなった。

　「働き方」については、「感染患者を受け入れる病棟が限られる中で、対応する看護師は単身者等の条件で選抜された」、「見通しがない中で、自身や家族への感染が不安で精神的に辛い」、「急遽、コロナ病棟への配属となり、戸惑っている」等の相談が多数あった。また、現在妊娠を継続しながら医療機関で勤務しており、家族からは「出勤するな」と言われ、とはいえ看護職としての使命感と一緒に働いてきた仲間を蔑ろにすることはできず、苦しいといった相談も寄せられた。他にも、「看護職が感染した場合に労災保険給付の対象となるか」、「業務上の理由で新型コロナウイルスに感染したため勤務を休む場合、所得補償はあるか」、家族が新型コロナウイルスに感染し濃厚接触者になった場合の対処方法と補償、妊婦や基礎疾患を持つ看護職からのCOVID-19患者の対応をすることへの不安、副業・兼業に関する問い合わせ等、様々な相談が寄せられた。筆者はこの間、相談を受け付け、回答を準備して送付する業務を担当していた。もちろん、メール以外にも、看護職本人や家族等からの電話相談を多数受けた。

　2020年4月28日、厚労省は「新型コロナウイルス感染症の労災補償における取扱いについて」として、医療従事者等について、「患者の診療若しくは看護の業務又は介護の業務等に従事する医師、看護師、介護従事者等が新型コロナウイルスに感染した場合には、業務外で感染したことが明らかである場合を除き、原則として労災保険給付の対象となる」という通知を出している。COVID-19に関して、2021年7月30日時点で医療業において約6,000件の労災支給が決定している。

　相談対応を通じて、現場では本当に大きな不安を抱えながら目の前の患者に向き合う看護職の姿が浮き彫りになった。上司と部下のディスコミュニケーションにより双方への不信感を露にするケースもあり、日頃からの組織や職場の脆弱な部分が露呈したのではないかと思われた。

　本会は2020年4月初めより、COVID-19患者へのケア提供に関わる感染予防、感染症対応に関する資料と動画（PPEの着脱等）を本会ホームページに掲載し、情報提供を行った。また、総合相談窓口での相談内容を踏まえ、本会ではCOVID-19管理下における看護提供体制の整備やマネジメントに必要となる情報をまとめ、ホームページにて提供している。

　発生当初、マスク、ガウン、フェイスシールド等の個人防護具（PPE）が、医療機関、訪問看護ステーション、介護施設ともに不足が顕著であり、十分な感染症防止策をとれない状況にあった。日本看護協会では、寄付および寄付金を受け付けており、企業等と連携して看護職を支援している。個人防護具の不足の問題に対し、国への要望の他、確保できたPPEは都道府県看護協会を通じて、各医療施設、訪問看護ステーション等に配布している。国では、医療機関等情報支援システム（G-MIS：Gathering Medical Information System）を立ち上げ、全国の医療機関（約38,000施設）から、病院の稼働状況、病床や医療スタッフの状況、受診者数、検査数、医療機器（人工呼吸器等）や医療資材（マスクや防護服等）の確保状況等の情報を収集して一元的に把握し、支援に活用している。

(3) 国への要望

　本会では、相談窓口に寄せられた看護職の声から現場のニーズ・課題を吸い上げ、看護職の安全を確保するため、政府に対する要望活動を行ってきた。これまでの要望件数は36件である（2021年3月9日時点）。特に2020年2月28日〜5月19日の間には、12回にわたり、安倍晋三内閣総理大臣（当時）、加藤勝信厚生労働大臣（当時）や西村康稔内閣府特命担当大臣（経済財政政策）、厚生労働省・文部科学省の各局などに要望書を提出した（表1）。

　主なものとしては、2020年4月15日に妊娠中の看護職員の休業に伴う代替職員の確保について、代替職員を雇用した場合の諸経費に対する補助金の支給を要望した。同日、COVID-19対応を行っている看護職に対して危険手当を支給すること、さらに、看護職が帰宅せずホテル等に宿泊した場合に当該看護職に対して1泊につき15,000円を上限に宿泊費の補助を行うこと、を要望した。

　2020年4月21日には、COVID-19の患者を受け入れる医療機関において、不安

表1　本会から国への要望内容

提出日	要望書名
2020年 3月30日	「COVID-19対策に関する要望書」 ・医療機関における看護職員の確保策の推進 ・医療機関、介護施設、訪問看護事業所に対する防護関連用具の確保、配付 ・地域における感染管理に関する専門性の高い看護師の活用による体制整備の強化等
2020年 4月15日	「妊娠中の看護職員の休業に伴う代替職員の確保について」 「COVID-19対応している看護職に対する危険手当の支給等について」
2020年 7月8日	「保健所の体制整備及び保健所等に勤務する職員への慰労金の支給についての要望書」 「新型コロナウイルス感染拡大の影響を受けた医療機関及び訪問看護ステーションへの経営支援に関する要望書」
2021年 1月15日	「COVID-19に係るワクチンの訪問看護師等への早期接種に関する要望書」
2021年 3月9日	「COVID-19に対応する看護職に関する要望書」 ・医療従事者の処遇改善について ・保健師増員の実現に向けて ・地域の医療提供体制確保のための看護職員の派遣調整事業の継続について

を抱えながら勤務している看護職をはじめとする医療従事者が希望した場合、PCR検査を実施し、その費用を公費で負担することなどを求めた。

　さらに、2020年5月18日には、全国医学部長病院長会議などと連盟で安倍総理（当時）らに要望書を提出し、最前線で医療・看護にあたる看護職への支援策として、特殊勤務手当（危険手当）などの相応の手当を要望した。

　国への要望のうち、保健医療従事者等に対する慰労金の支給、保健医療従事者に対する差別や偏見の禁止に関する「政府広報」での周知、妊娠中の女性労働者に対する作業・出勤の制限（男女雇用機会均等法の告示改正により、医師または助産師の指導があった場合）等、必要な措置の義務付けが実現した（**表2**）。

　2021年3月9日には、厚生労働大臣あてに、COVID-19に対応する看護職に関する要望書を提出した。医療機関への経営支援として様々な政策が実行されているが、1年以上にわたる経営状態の低迷に伴い、医療従事者への給与・賞与の減額等が行われている実態をふまえ、地域の医療・看護体制の維持と人員確保のため、看護職をはじめとする医療従事者の処遇が改善されるよう、医療機関等の経営支援の一層の充実を図ることを要望した。

表2 本会の要望内容と主な実現内容

要望内容の一例	主な実現内容
新型コロナウイルス感染症に対応する看護職員に対する経済的評価を	新型コロナウイルス感染症の重症・中等症患者を受け入れる医療機関の負担を考慮し、臨時特例的に、診療報酬について通常の「3倍」に相当する点数の算定を可能に 第二次補正予算において、医療従事者等に対する慰労金の支給
差別、偏見、風評被害をなくし看護職員への正しい理解を	医療従事者に対する差別や偏見の禁止に関し「政府広報」で周知 厚生労働省が保育所の預かり拒否などに対応し事務連絡を都道府県等に対し発出
妊娠中の看護職が安心して継続できる体制づくりを	男女雇用機会均等法の告示改正により、医師または助産師の指導があった場合には、妊娠中の女性労働者に対し、作業の制限、出勤の制限等、の必要な措置の義務付け

4. 看護職員のCOVID-19対応に関する実態調査

　これまで述べてきたことについて、日本看護協会が看護職員を対象に行ったCOVID-19対応に関する実態調査の結果からもみてみたい。

　同会では、あらゆる領域で活動する看護職員の労働環境などの実態を把握し、国への政策提言や臨床現場への支援に結び付けること、緊急対応時の看護体制の在り方等の検討材料とすることを目的として、看護職員を対象にCOVID-19対応に関する実態調査を実施した（**表3**）（「看護職員の新型コロナウイルス感染症対応に関する実態調査」https://www.nurse.or.jp/nursing/practice/covid_19/research/index.html）。

　主な調査内容は「看護体制、労働力の実態」、「労働条件、健康安全確保の実態」、「人材確保の実態」、「行政、都道府県看護協会、医療現場の連携の実態」、「看護職員への差別・偏見の実態」、「認定看護師・専門看護師の活動状況」、「今後本会に期待される支援と適切な情報提供」等である。調査結果から、新型コロナウイルス感染拡大以降の看護現場の厳しい状況が明らかとなった。

（1）病院看護管理者

1）回答者の所属病院の属性

　設置主体では、医療法人1,548件（56.0％）、都道府県・市区町村・地方独立行政法人480件（17.4％）、その他（公益法人、私立学校法人、社会福祉法人、医療

表3　調査概要

【調査期間】2020年9月8日〜28日
【調査方法】WEB調査
【調査対象・回収状況・有効回収率】

対　象	回収状況	有効回収率
①病院看護管理者	総数 8,257件 宛先不明等による戻り 2件 有効回収数 2,765件	33.5%
②介護保険施設看護管理者	総数 12,031件 （老健 4,195件、特養 7,836件） 宛先不明等による戻り 7件 （老健 3件、特養 4件） 有効回収数 1,865件 （老健 804件、特養 1,061件）	15.5% （老健 19.2%） （特養 13.5%）
③訪問看護ステーション看護管理者	総数 12,316件 宛先不明等による戻り 238件 有効回収数 2,664件	22.1%
④感染管理認定看護師 　感染症看護専門看護師	総数 2,929件 有効回収数 803件	27.4%
⑤④以外の認定看護師・専門看護師 （20分野）／専門看護師（12分野）	総数 20,271件 有効回収数 2,679件	13.2%
⑥都道府県看護協会会長	総数 47件、有効回収数 47件	100.0%
⑦復職した潜在看護職員	総数 1,024件、有効回収数 689件	67.3%
⑧個人	有効回収数 38,479件	-

生協、会社、その他の法人）417件（15.1%）等であった。

　許可病床数をみると、「99床以下」が673件（24.3%）、「100〜199床」981件（35.5%）、「200〜299床」403件（14.6%）、「300〜399床」318件（11.5%）、「400〜499床」175件（6.3%）、「500床以上」215件（7.8%）であった。

　感染症指定医療機関（特定、第一種、第二種、結核含む）[8]／COVID19重点医療機関／COVID19疑い患者受入協力医療機関が1,138件（41.2%）、いずれにも当てはまらない（それ以外の病院）1,627件（58.8%）であった。

2）COVID-19患者の受け入れ状況と看護配置の変更

　回答した病院看護管理者の所属病院の約6割が、COVID-19患者の受け入れや、感染の疑いのある人の診療・検査を行っており、7.1%の病院で重症患者の入院を受け入れていた（**図2**）。感染症指定医療機関・新型コロナウイルス感染症重

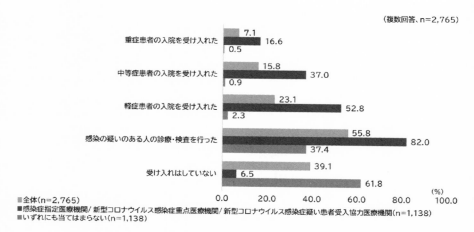

（複数回答、n=2,765）

図2　COVID-19患者の受け入れ状況（病院の感染症対応別クロス集計）

点医療機関・新型コロナウイルス感染症疑い患者受入協力医療機関（以下、指定
医療機関等という）が中心となり、COVID-19患者の受け入れを行っていた。

　COVID-19患者を受け入れた病院の46.0％が看護配置を変更していた。看護配
置を変更した病院のうち、病棟を閉鎖して対応を行った病院は46.1％、病棟閉鎖
等をせずに病棟・外来等の配置数を減らして対応を行った病院は37.9％であった。
指定医療機関等では「病棟を閉鎖して新型コロナウイルス感染症対応病棟をつく
り、看護職員を配置した」割合が53.1％とそれ以外の病院と比べて高かった（**図3**）。

　看護配置を変更した病院のうち「COVID-19対応に看護職員が集中したため、
その他の部門が手薄になった」と回答した病院は47.6％であり、通常医療との両
立に苦慮したことがうかがえる。また、指定医療機関等では「他の部門が手薄に
なった」と回答した割合が50.6％であり、それ以外の病院より高かった（**図4**）。

3）看護職員の出勤状況

　COVID-19患者の受け入れの有無に関わらず42.4％の病院が、看護職の出勤状
況に「変化があった」と回答した（介護老人保健施設は16.9％、介護老人福祉施
設は9.9％、訪問看護ステーションは32.0％が「変化があった」と回答）。看護職

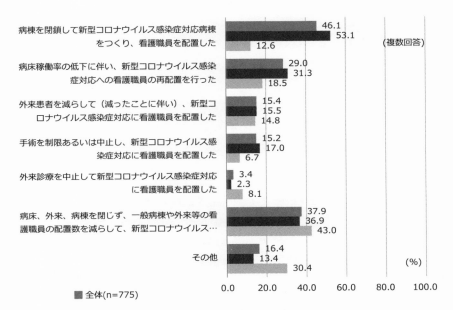

図3　看護配置の変更（病院の感染症対応別クロス集計）

注：重症・中等症・軽症患者の入院の受け入れや感染の疑いのある人の診療・検査を行い、看護配置を「変更した」と回答した775件が対象。

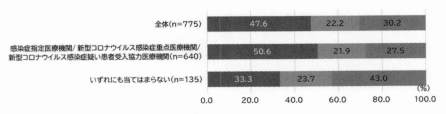

図4　COVID-19対応以外の他部門への影響（病院の感染症対応別クロス集計）

注：重症・中等症・軽症患者の入院の受け入れや感染の疑いのある人の診療・検査を行い、看護配置を「変更した」と回答した775件が対象。

の出勤状況に「変化があった」と回答した病院のうち92.7%が「一部出勤できな
くなった職員がいた」と回答した（**図5**）（介護保険施設、訪問看護ステーショ
ンでも、看護職の出勤状況に「変化があった」と回答した施設のうち8〜9割が
「一部出勤できなくなった職員がいた」と回答）。

　出勤できなくなった理由は、政府の緊急事態宣言に伴う「臨時休校、保育園等
の休園」が最も多く、次いで「COVID-19患者・感染の疑いのある人との濃厚接
触」が多かった（**図6**）。

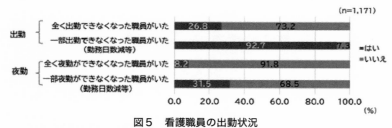

図5　看護職員の出勤状況

注：看護職員の出勤状況について「変化があった」と回答した1,171件が対象。

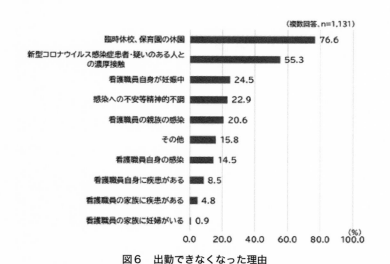

図6　出勤できなくなった理由

注：全くまたは一部「出勤できなくなった職員がいた」と回答した1,131件が対象。

4）看護職員の不足感と確保方法

　国内でのCOVID-19発生（2020年1月）から初回の緊急事態宣言解除（2020年5月）までの間の看護職員配置の不足感については、COVID-19患者の受け入れの有無に関わらず34.2%の病院が「あった」と回答した。指定医療機関等では45.5%となっており、それ以外の病院と比べて、不足感があったと回答する割合が高かった（**図7**）。

　病院で看護職員が不足した場合、病棟再編成や配置転換等により院内で人手を確保した場合が68.9%と最も多かった。指定医療機関等では特に、「病棟再編成や配置転換等により院内で人手を確保した」割合が79.6%とそれ以外の病院よりも高かった。指定医療機関等以外の病院では、「新規採用した」「派遣業者を活用した」等の確保策をとった割合が指定医療機関等よりも高かった（**図8**）。

5）看護職員の労働環境（2020年1月頃～緊急事態宣言解除・5月まで）

　COVID-19対応による労働環境の変化について、指定医療機関等のほうがそれ以外の病院と比較して、夜勤回数・時間の一部の職員への偏りや、病院への相談電話対応が増加した割合が高かった（**図9**、**図10**）。

　夜勤回数・時間および超過勤務時間についても、指定医療機関等のほうがそれ以外の病院と比較して、増加した割合が高かった（**図11**、**図12**）。

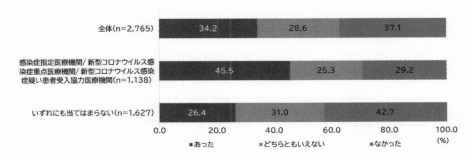

図7　看護職員の不足感（病院の感染症対応別クロス集計）

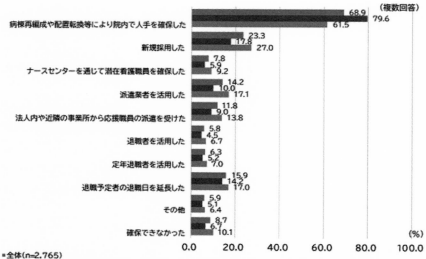

図8　看護職員が不足した場合の確保方法（病院の感染症対応別クロス集計）

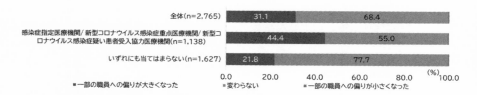

図9　労働環境の変化：夜勤回数・時間の偏り（病院の感染症対応別クロス集計）

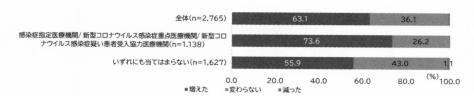

図10　労働環境の変化：病院への相談電話対応（病院の感染症対応別クロス集計）

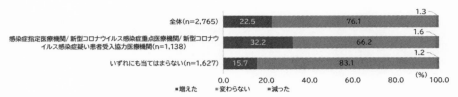

図11　労働環境の変化：夜勤回数・時間の増減（病院の感染症対応別クロス集計）

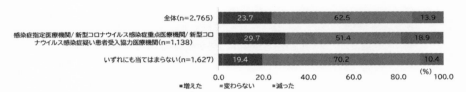

図12　労働環境の変化：超過勤務時間（病院の感染症対応別クロス集計）

6) 看護管理者として苦慮したこと

　病院看護管理者が苦慮した項目として、特に「感染防止に関連する物品の調達」や「患者・家族への対応」と回答している人が多かった。選択肢として挙げた全ての項目において、「苦慮した」もしくは「やや苦慮した」と回答した人の合計が半数以上となり、病院看護管理者が様々な対応に苦慮していたことがうかがえる（図13）。

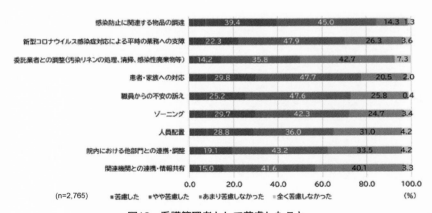

図13　看護管理者として苦慮したこと

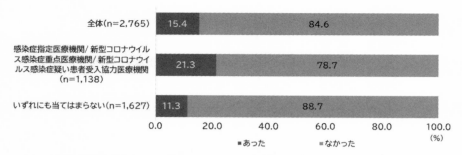

図14 新型コロナウイルス感染症対応による労働環境の変化や感染リスク等を
理由にした離職の有無（病院の感染症対応別クロス集計）

表4 労働環境と離職の関連（抜粋）

		調査数	離職があった	離職がなかった
全 体		2,765 100.0	426 15.4	2,339 84.6
① 超過勤務 時間	増えた	654 100.0	150 22.9	504 77.1
	変わらない	1,727 100.0	206 11.9	1,521 88.1
	減った	384 100.0	70 18.2	314 81.8
② 有給休暇	取りにくくなった	538 100.0	129 24.0	409 76.0
	変わらない	2,009 100.0	257 12.8	1,752 87.2
	取りやすくなった	218 100.0	40 18.3	178 81.7
③ 夜勤回数 ・時間の 増減	増えた	623 100.0	152 24.4	471 75.6
	変わらない	2,105 100.0	265 12.6	1,840 87.4
	減った	37 100.0	9 24.3	28 75.7
④ 夜勤回数 ・時間の 偏り	一部の職員への偏りが大きくなった	859 100.0	201 23.4	658 76.6
	変わらない	1,890 100.0	222 11.7	1,668 88.3
	一部の職員への偏りが小さくなった	16 100.0	3 18.8	13 81.3

7）COVID-19対応を理由とした離職

回答した病院全体の15.4%が「COVID-19対応による労働環境の変化や感染リスク等を理由にした看護職の離職があった」と回答した（介護保険施設、訪問看護ステーションでは5%未満）。特に指定医療機関等では21.3%と高い割合を示した（**図14**）。

病院の労働環境および健康・安全を守る体制のうち、離職との関連がみられたのは、「超過勤務時間の増減」、「有給休暇の取りやすさの変化」、「夜勤回数・時間の増減と偏り」、「マスクや防護服の不足」、「職場の感染防御対策が十分

でないこと」、「COVID-19患者に対応する看護職に対する院内での差別・偏見防止に向けた、職員間の理解促進のための対策が十分でないこと」などであった（**表4**、**表5**）。

8）人材確保の状況（離職中の看護職員の雇用意向）

今後同様の事態になった場合には、病院全体の53.7%が離職中の看護職員を「雇用する」と回答した（**図15**）。

「どちらともいえない」や「雇用しない」と回答した病院が離職中の看護職員を雇用しない理由としては、「潜在看護職員の知識・技術の程度がわからない」53.9%や「感染拡大下では教育・研修の余裕がない」46.9%が多い。指定医療機関等とそれ以外の病院で選択した病院の割合の差が大きい項目は「看護職員を加配する経営的な余裕がない」や「感染収束後の業務調整が難しい」である（**図16**）。

表5　健康・安全を守る体制と離職の関連

		調査数	離職があった	離職がなかった
全　体		2,765	426	2,339
		100.0	15.4	84.6
1〜5月の中で、貴病院で業務が最も繁忙だった際の、マスクや防護服の充足状況	十分だった	134	14	120
		100.0	10.4	89.6
	まあ十分だった	623	75	548
		100.0	12.0	88.0
	あまり十分ではなかった	1,021	158	863
		100.0	15.5	84.5
	不十分だった	987	179	808
		100.0	18.1	81.9
職場の感染防御対策	十分だった	317	48	269
		100.0	15.1	84.9
	まあ十分だった	1,573	225	1,348
		100.0	14.3	85.7
	あまり十分ではなかった	735	133	602
		100.0	18.1	81.9
	不十分だった	140	20	120
		100.0	14.3	85.7
PCR検査の実施	十分だった	394	82	312
		100.0	20.8	79.2
	まあ十分だった	857	139	718
		100.0	16.2	83.8
	あまり十分ではなかった	642	85	557
		100.0	13.2	86.8
	不十分だった	872	120	752
		100.0	13.8	86.2
新型コロナウイルス感染症患者に対応する看護職員が院内で偏見で・差別を受けないよう職員間の理解促進	十分だった	449	72	377
		100.0	16.0	84.0
	まあ十分だった	1,539	219	1,320
		100.0	14.2	85.8
	あまり十分ではなかった	669	116	553
		100.0	17.3	82.7
	不十分だった	108	19	89
		100.0	17.6	82.4

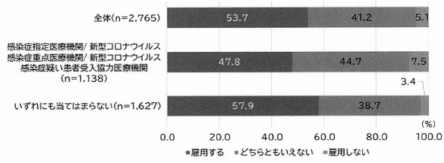

図15　離職中の看護職員の雇用意向（病院の感染症対応別クロス集計）

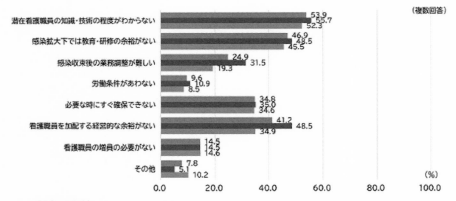

図16　離職中の看護職員を雇用しない理由（病院の感染症対応別クロス集計）

注：離職中の看護職員の雇用意向について「どちらともいえない」「雇用しない」と回答した1,279件の場合。

（2）個人（全看護職員）

1）回答者の基本属性

　現在の就業状況は、就業中38,335件（99.6%）、離職中144件（0.4%）であった。就業している者のうち、勤務先は、病院33,110件（86.4%）、訪問看護ステーション2,381件（6.2%）等であった。回答者の現在の主な業務は、看護師35,176件（91.8%）、助産師1,193件（3.1%）、保健師454件（1.2%）等であった。

　また、 現在「就業中」38,335件（99.6%）のうち、57.1%がCOVID-19対応に関する業務に従事したと回答した。

2）COVID-19発生に伴う働き方（2020年1月頃〜緊急事態宣言解除・5月まで）

　COVID-19発生に伴う看護職としての働き方は、「自身は対応していないが感染者を受け入れた・受け入れる予定のあった施設等の勤務」9,223件（42.1%）が最も多く、「勤務先での感染防御対策に関する体制整備」7,110件（32.5%）が続く。感染者や疑いのある者への直接の対応は上位3位以降にあげられている。「重症患者に対応」は1,337件（6.1%）であった（**表6**）。

　①超過勤務時間、②有給休暇、③夜勤・オンコール回数・時間の増減、④夜勤・オンコール回数・時間の偏り、⑤相談電話対応、⑥患者・利用者トラブル対

表6　COVID-19対応に関する働き方

（複数回答、n=21,906）

	件数	割合（%）
自身は対応していないが感染者を受け入れた・受け入れる予定のあった施設等の勤務	9,223	42.1
勤務先での感染防御対策に関する整備（研修実施、マニュアル作成、環境整備等）	7,110	32.5
PCR検査の検体採取	4,478	20.4
軽症患者に対応	4,227	19.3
帰国者・接触者相談外来・発熱外来等での感染疑いのある者への対応	3,668	16.7
中等症患者に対応	2,574	11.8
電話・メール・WEBによる相談対応（日中）	2,546	11.6
その他	2,367	10.8
勤務先の職員・家族が感染者となった際の対応	1,686	7.7
PCR検査受診者への結果報告	1,594	7.3
重症患者に対応	1,337	6.1
陽性者への治療または療養生活の説明	1,191	5.4
電話・メール・WEBによる相談対応（夜間）	1,158	5.3
感染者の家族への支援・指導	1,095	5.0
退院時の調整・フォロー	1,063	4.9
クラスター発生時の対応（対策本部の設置、ゾーニング、入院調整、受診調整等）	630	2.9
地域住民からの苦情対応	576	2.6
看護職確保のための関係機関との調整	571	2.6
クラスター発生病棟や地域の施設等への応援	202	0.9
外国人入国者の健康観察	121	0.6
認定看護師、専門看護師の派遣のための調整	126	0.6
積極的疫学調査の実施	107	0.5
計	21,906	100.0

注：現在「就業中」かつ、COVID-19対応業務に「従事した」と回答した21,906件の場合。

応の6点における変化はどれも「変わらない」が多かったものの、特に⑦相談電話対応と⑧患者・利用者トラブル対応で「増えた」という回答が多かった。

3）看護職員の健康・安全・安心を守る体制（1月頃〜緊急事態宣言解除・5月まで）

　COVID-19対応に関する業務に従事した看護職員の健康・安全・安心を守る体制については、①マスクや防護服の充足状況、⑪看護職員のメンタルケア体制で「あまり十分ではなかった」と「不十分だった」の合計が最も多く、⑦PCR検査の実施、⑨看護職員の家族の状況に配慮した勤務、が続いた（**図17**）。物質的にも精神的にも体制が不十分であったことがうかがえる。

4）看護職員への差別・偏見の実態

　看護職員個人の回答者のうち20.5%が差別・偏見が「あった」と回答した。差別・偏見の内容は「家族や親族が周囲の人から心無い言葉を言われた」27.6%、「看護職員自身が患者から心無い言葉を言われた」19.8%、「看護職員自身が地域住民から心無い言葉を言われた」19.2%がつづいた（**図18**）[9]。

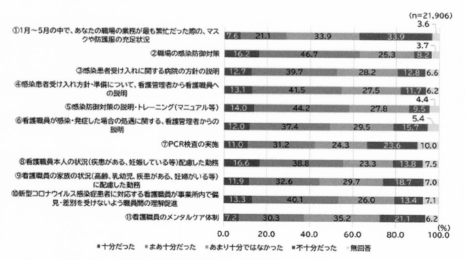

図17　看護職員の健康・安全・安心を守る体制

注：現在「就業中」かつ、COVID-19対応業務に「従事した」と回答した21,906件の場合。

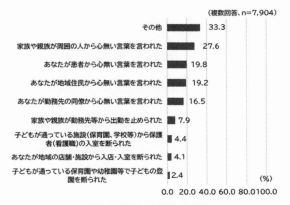

図18　差別・偏見の内容
注：差別・偏見が「あった」と回答した7,904件の場合。

5）看護職員の感染状況

　就業中の看護職員38,335件のうち、新型コロナウイルスに感染したと回答したのは69件（0.2%）であった。

6）看護職としての就業継続意向

　現在就業中の看護職員の今後の働き方についての考えを尋ねたところ、「看護職として働き続けたい」が82.3%であった。

　差別・偏見が「あった」と回答した群では、「なかった」と回答した群に比べて「看護職として働き続けたい」と回答する割合が少なく、「離職して看護職以外の仕事で働きたい」「働きたくない」と回答する割合が多くなっていた（**図19**）。

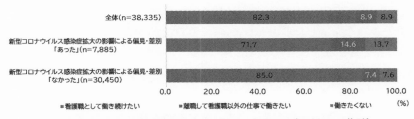

図19　看護職としての就業継続意向（差別・偏見の有無別クロス集計）
注：現在「就業中」と回答した38,335件の場合。

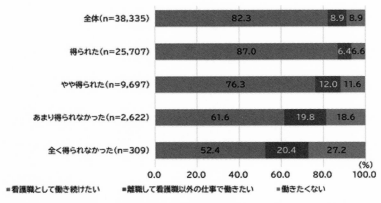

図20　看護職としての就業継続意向（家族の理解の有無とのクロス集計）
注：現在「就業中」と回答した38,335件の場合。

　家族の理解の程度で比較すると、家族からの理解が得られなかった群のほうが、看護職としての就業継続意向が低い。特に「看護職として働き続けたい」という回答は、家族の理解が「得られた」場合（87.0%）と比較して、「全く得られなかった」場合は52.4%であり、就業継続意向は4割減である（**図20**）。

（3）本会の呼びかけに応えて復職した看護職員

1）回答者の基本属性

　回答者の年齢は、40歳代175件（25.4%）、20歳代153件（22.2%）、30歳代141件（20.5%）、性別でみると女性664件（93.5%）、男性45件（6.5%）であった。離職期間は、1か月以内316件（45.9%）、1か月超〜半年以内101件（14.7%）、2年超〜5年以内77件（11.2%）であった。

　今回、復職を希望した理由としては、「その他」329件（47.8%）が最も多く、「以前から復職を希望していた」181件（26.3%）が続いた。他の選択肢が全て外的要因であることから、自発的に協力を申し出た場合が多かったと推察される（**表7**）。外的要因による復職も一定割合いることから、復職にあたっては働く希望のある人への、地元行政やナースセンターからの働きかけが効果的であったことがうかがえる。

表7　復職理由（複数回答）

	件数	割合（%）
都道府県ナースセンターからの求職依頼（電話、メール、SNS等）	144	20.9
日本看護協会からの一斉メール（4月）	33	4.8
日本看護協会長のメッセージ	51	7.4
都道府県看護協会長のメッセージ	22	3.2
都道府県行政の呼びかけ	43	6.2
以前から復職を希望していた	181	26.3
その他	329	47.8
計	689	100.0

2）復職先

　復職先の施設として最も多いのは、COVID-19対応のための施設では「軽症者向け宿泊施設」18.3%、COVID-19対応の関連機関・施設以外では「医療機関」41.1%であった（**表8**）。

3）看護職としての就業継続意向

　本会の呼びかけに応えて復職した看護職員の**90.7%**が、現在も看護職として就業を継続している。今回の就業をきっかけとして今後も看護職として就業を「継続したい」（54.1%）、「条件が合えば継続したい」（40.9%）を合わせて95.0%であった。

表8　潜在看護職員の復職先（n= 689）

COVID-19対応のための施設		COVID-19対応の関連機関・施設以外	
発熱外来	11.2	医療機関	41.1
PCR検体採取センター	7.3	介護・福祉施設	5.4
コールセンター	8.3	訪問看護ステーション	4.4
軽症者向け宿泊施設	18.3	保健所	1.9
保健所	8.1	その他	10.0
その他コロナ関連機関・施設	14.8		

(4) 専門性の高い看護師[10]の活動状況

1) 感染管理認定看護師・感染症看護専門看護師の所属施設における活動

　COVID-19の対応において、感染管理認定看護師、感染症看護専門看護師（803件）のうち76.3%が、所属施設で「中心的な役割を果たした」と回答した。感染管理体制の整備では、「COVID-19に関連した職員からの相談対応」が90.3%と最も多く、次いで「ゾーニングの整備・周知」89.7%、「感染症対策のマニュアルの見直し、改定」88.3%、「個人防護具の在庫確認や選定、調達」85.4%、「所属施設内での対策会議の開催・企画」81.4%など、幅広く実施していた（**図21**）。

　患者・家族対応では「入院及び通院患者・利用者への感染予防対策に関する指導・教育」56.7%が最も多く、次いで「COVID-19に関する入院及び通院患者/施設利用者からの相談対応」46.9%だった。

　「COVID-19に関連した研修会の実施（個人防護具の着脱、検体採取の方法等）」92.2%が最も多く、次いで「メンタルヘルス支援」35.7%をするなど、職員への指導・教育にもあたった。

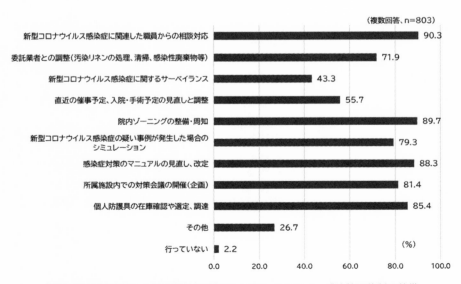

（複数回答、n=803）

項目	(%)
新型コロナウイルス感染症に関連した職員からの相談対応	90.3
委託業者との調整(汚染リネンの処理、清掃、感染性廃棄物等)	71.9
新型コロナウイルス感染症に関するサーベイランス	43.3
直近の催事予定、入院・手術予定の見直しと調整	55.7
院内ゾーニングの整備・周知	89.7
新型コロナウイルス感染症の疑い事例が発生した場合のシミュレーション	79.3
感染症対策のマニュアルの見直し、改定	88.3
所属施設内での対策会議の開催(企画)	81.4
個人防護具の在庫確認や選定、調達	85.4
その他	26.7
行っていない	2.2

図21　新型コロナウイルス感染症対応として行ったこと——感染管理体制の整備

2）感染管理認定看護師・感染症看護専門看護師の所属施設外への協力・支援

所属施設外からCOVID-19対策のための協力要請があったと回答した感染管理認定看護師、感染症看護専門看護師（552件）のうち、5割以上が「実際に協力・支援を行った」と回答した支援先は、医療機関、保健所、居宅系介護施設であった（**図22**）。

以上のように、新型コロナウイルス感染症において、主に指定医療機関等を中心に感染者の受け入れを行っていたが、看護職員の不足感が高く、夜勤、超過勤務、相談電話対応の増加等により、看護職員の労働環境に負荷がかかっていた。新型コロナウイルス感染症対応による労働環境の変化や感染リスク等を理由にした離職に関しても、指定医療機関等において多く発生していた。

しかしながら病院（指定医療機関等を含む）では、潜在看護職員の能力の把握や教育・研修の調整が困難であることから、潜在看護職員の雇用意向が低い傾向にあった。

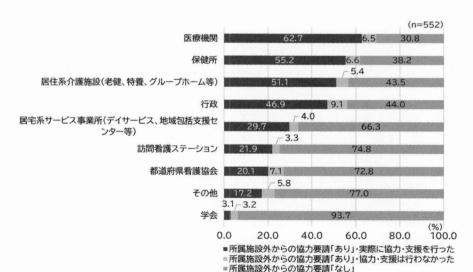

図22　COVID-19対応に関する所属機関外からの協力要請と対応
注：所属施設外からCOVID-19対策のための協力要請が「あった」と回答した552件の場合。

　感染管理認定看護師・感染症看護専門看護師は、新型コロナウイルス感染症対応において中心的役割を担い、医療機関、保健所、居住系介護施設等、外部からの協力要請に対し、専門性を発揮して協力・支援を行った。

　日本看護協会の呼びかけに応えて復職した看護職員の9割が看護職として就業継続し、病院、軽症者向け宿泊施設や発熱外来等、幅広い就業場所で活躍した。9割以上が今後も看護職として就業継続を希望していた。他方で、上述したように、病院では潜在看護職員の能力の把握や教育・研修を理由に雇用意欲が低い傾向がみられるなど、今後の看護職員の確保と活用に、一つの課題が見えた。継続的な教育等により、未就業の状態であっても、スキルの研鑽を行うことが重要であろう。

4. 今後の課題——看護が必要とされるところで、必要な看護を提供できるために

　COVID-19は、現代社会に生きる私たち一人ひとりに、様々な形で影響を与えた。特に「三密回避」「非接触」というキーワードは、これまでの人と人のコミュニケーションのあり方に大きな変化をもたらしたと思われる。看て、触って、といった文字通りの「看護」実践が困難になり、看護の根本にかかわるジレンマを生じさせた。患者の傍に寄り添い、触れるなどが制限され、お亡くなりになった後のエンゼルケアも行えず、敬意を表した一礼で、納体袋でお見送りするなど、これまで体験し得なかった状況は看護師に大きなストレスをもたらした。しかし、現場レポートからも、マスク越しに、限られた資源を生かし、必死に患者を看て、関わろうとする姿があった。そして、どんなつらい経験でさえも「学び」に変える、「患者・療養者のいちばん近くに看護師がいて、寄り添う」、「看護は病院だけでなく、必要とされるところで、いつでもどこでも提供することができる」と感じた看護師たちがいた。このことはとても重要である。

　感染症の拡大・蔓延は不幸な出来事であるが、感染症と闘う経験の中で、改めて、看護の役割や実践とその効果について社会的な関心や注目が集まることとなった。コロナ禍で医療提供体制の脆弱な部分、看護職の人材確保の困難さが社会的にも認知されるようにもなってきた。未だこのCOVID-19の感染拡大は収束

してはいないが、これまでの経験の中から得た知見や経験を今後の対策に活かしていくことが重要である。

（1）専門性の高い看護職員の養成

　感染患者を受け入れた医療機関では、人材確保、労働負荷が増大するなど、職員への負担が非常に大きいことがわかった。そのなかで、感染管理等を専門とする看護職員の活用が重要であることもわかった。

　感染管理認定看護師は、感染症患者を受け入れている病院や水際対策で、あるいは、クラスター感染などが生じた際に、感染管理の専門家として、協力要請を受け現場に入り活動した。特に介護福祉施設等においては、感染した際に重症化するリスクが高い高齢者等が多く、また多数の利用者に対し同一の職員がケアを提供することから、施設内での確実な感染予防や感染拡大防止のための対策は大変重要である。また、重篤な肺炎に対し人工呼吸器やECMOを使用しての治療が必要となる患者に対しては、急性・重症患者看護専門看護師、集中ケア認定看護師、救急看護認定看護師などが専門性の高い看護を実践した。2020年12月現在、感染管理認定看護師は全国に2,977名いるが、中小規模の病院に所属する感染管理認定看護師は少ない。COVID-19の収束が見えない中、感染症に関する専門的な知識と高度な技術を持つ感染管理認定看護師の養成が必要である。

　専門性の高い看護職員の養成は、看護職のキャリア形成、キャリアの多様化、そして社会的な評価を高めることにもつながるだろう。

（2）保健所機能の強化に向けた人員体制の整備

　保健所は、地域における公衆衛生の向上と増進を図る機関として、COVID-19の陽性者・濃厚接触者の入院調整、健康観察等、感染症対応に際して、保健師は大きな役割を果たした。しかし冒頭でもの述べたとおり、保健所数はこの30年間で半減し、保健師は全国的に30代後半から40代前半の中堅層が薄いことが指摘されているが、COVID-19への対応では、保健所の脆弱な人員体制が浮き彫りとなった。特に、現在は、重症患者の入院の長期化や急増に伴い、入院先医療機関の確保・調整に苦慮しており、そのため、入院できない患者の体調管理の業務

も拡大し、さらなる人員不足が深刻化している。

　保健所の恒常的な人員体制を強化するため、令和3年度地方財政対策では、2021年度から2022年度の2年間で、現状の1,800名から約2,700名へ約900名の増員のための地方財政措置（普及交付税措置）が講じられたが、引き続き、新型コロナ感染拡大に伴う業務負担への支援や恒常的な人員体制の強化のための支援策が必要である。

（3）潜在看護師の継続的な就業・教育支援

　人材不足への対応として、潜在看護師への呼びかけを行ったところ、多数の看護職が復職あるいは短期的雇用のもとで職場に復帰した。潜在看護師の多くは、医療機関以外での需要・勤務が多かったがその背景には、潜在看護師のスキル評価が難しい点にあったと推測される。「看護は病院だけでなく、必要とされるところで、いつでもどこでも提供することができる」ことを実現するためには、こうした潜在看護師の継続的な就業・教育支援が必要である。

（4）医療従事者に対する評価処遇の改善と国民の理解

　1年以上にわたり経営状態が低迷するなか、医療従事者への給与・賞与の減額等がされている実態がある。地域の医療・看護体制の維持と人員確保のため、看護職をはじめとする医療従事者の処遇が改善されるよう、医療機関等の経営支援の一層の充実を図るよう厚生労働大臣への要望した（2021年3月9日）。社会において看護職への理解と協力を求めるとともに、働いたことへの適正な評価とそれに見合う賃金を実現していくことが必要である。

　そのためにも、看護職をはじめとして医療従事者の実践をより明確に、社会に情報発信していくことも重要であると考えている。

おわりに

　医療は医療従事者と患者・利用者との相互行為であり、よりよい医療サービスの授受には相互理解と互いの立場を尊重することが重要である。医療崩壊を防ぐ

ためにも、最前線で感染者を支える医療従事者への差別・誹謗中傷や迷惑行為がなくなること、感染拡大防止への協力や保健医療従事者に対する理解と感染拡大防止への協力を改めてお願いしたい。

〔注〕

1　ゾーニング「感染症患者の入院病棟において、病原体によって汚染されている区域（汚染区域）と汚染されていない区域（清潔区域）を区分けすることである。これは安全に医療を提供するとともに、感染拡大を防止するための基本的な考え方となる」（国立国際医療研究センター国際感染症センター http://dcc.ncgm.go.jp/information/pdf/covid19_zoning_clue.pdf ）

2　本稿に示されたデータ等は、執筆者が所属する組織の公式発表資料を多用しているが、本稿での意見はすべて執筆者達個人に属し、その所属する組織の公式見解を示すものではない。

3　ICU（Intensive Care Unit）とは救命・生命維持装置を備え、機器により患者の状態を常時監視できる特別の病室で「集中治療室」と呼ばれる。HCU（High Care Unit）とは「高度治療室」のことである。厳密な呼吸・循環管理や急性血液浄化療法等の専門的な治療や看護を必要とする病棟を指す。

4　PPEとは、個人用防護具（personal protective equipment）である。主なPPEとしてガウン、手袋、マスク、キャップ、エプロン、シューカバー、フェイスシールド、ゴーグル等がある。

5　特定機能病院は、高度の医療の提供、高度の医療技術の開発及び高度の医療に関する研修を実施する能力等を備えた病院として、第二次医療法改正において平成5年から制度化され、2020年12月1日現在で87病院が承認されている。一般の病院としての設備に加えて集中治療室、無菌病室、医薬品情報管理室を備え、病床数400以上、16以上の診療科、来院患者の紹介率が30%以上であることを条件としている。

6　COVID-19患者の急激な増加等に鑑み、診療報酬の算定について柔軟な取扱いを行うこととした。まず、医療法上の許可病床数を超過する入院の取扱いとして、COVID-19患者等を受け入れたことにより医療法上の許可病床を超過する場合には、通常適用される診療報酬の減額措置を行わないこととした。また、施設基準を満たすことができなくなる保険医療機関の取扱についても、COVID-19患者等を受け入れたことにより、入院患者が一時的に急増等した場合や、学校等の臨時休学に伴い、看護師が自宅での子育て等を理由として勤務することが困難になった場合等においては、当面、月平均夜勤時間数については、1割以上の一時的な変動があった場合においても、変更の届出は不要とした。看護配置の変動に関する取扱いも上記と同様、看護要員の比率等に変動があった場合でも当面、変更の届出は不要とした。（中医協　2020年3月25日）

7　ナースセンターとは1992年に制定された「看護師等の人材確保の促進に関する法律（以

下、人確法）」に基づき設置された。中央ナースセンターは日本看護協会が厚生労働省から、都道府県ナースセンターは都道府県の看護協会が都道府県から指定を受けて運営している。47都道府県に必ず1つの都道府県ナースセンターがあり、看護職の無料職業紹介事業（ナースバンク事業）、再就業支援等の研修の実施等、看護職確保対策に向けた取り組みを行っている。

8　一般病院で対応するには危険性が高すぎると考えられている感染症の患者を収容し、治療する特別な医療施設。特定感染症指定医療機関、第一種感染症指定医療機関、第二種感染症指定医療機関、結核指定医療機関の4種がある。

9　JILPTが行った「新型コロナウイルス感染症の感染拡大下における労働者の働き方の実態に関する調査」調査でも、いやがらせ、誹謗中傷などの迷惑行為を受けた労働者は、「医療業」「生活関連サービス業」でともに7.4％、「社会保険・社会福祉・介護事業」で5.4％と相対的に高い－ことが指摘されている。（https://www.jil.go.jp/press/documents/20210709.pdf、2021年8月15日閲覧）

10　日本看護協会では、特定の看護分野における専門性の高い看護師について、認定看護師、専門看護師という2つの資格制度を設けている。認定看護師とはある特定の看護分野において、熟練した看護技術と知識を有する者として、日本看護協会の認定を受けた看護師をいう。2020年12月現在、21,847人が全国で活動しており、感染管理認定看護師はその中の1つで2,977人が活動している。

　　専門看護師とはJNAの専門看護師認定審査に合格し、ある特定の専門看護分野において卓越した看護実践能力を有することを認められた者をいう。2020年12月現在、13分野で2,733名の専門看護師が全国で活動しており、感染症看護専門看護師はその中の1つで90人が活動している。

【参考】

日本看護協会出版会（2021）『新型コロナウイルス　ナースたちの現場レポート― 162人が激動の2020年を語る』日本看護協会出版会編集部。

「新型コロナウイルス感染症の感染拡大下における労働者の働き方の実態に関する調査」結果（労働者調査、企業調査）https://www.jil.go.jp/press/documents/20210709.pdf

日本看護協会「20210614 記者クラブ資料」https://www.nurse.or.jp/nursing/practice/covid_19/press/index.html#20210614

日本看護協会「20210629 定例記者会見資料」https://www.nurse.or.jp/nursing/practice/covid_19/press/pdf/press_conference210629/effort_covid1920210629.pdf

日本看護協会「新型コロナウイルス感染症での看護職の活動」https://www.nurse.or.jp/nursing/practice/covid_19/case/index.html

認定看護師・専門看護師の詳細は日本看護協会ホームページ https://www.nurse.or.jp/jna/english/nursing/education.html

1 雇用によらない労働における産業に定位した
「最低基準」の記述可能性 　　　　　　松永伸太朗・永田大輔
　　　──労働社会学における質的研究の再定位──

―― 日本労働社会学会年報第32号〔2021年〕――

雇用によらない労働における産業に定位した「最低基準」の記述可能性

―労働社会学における質的研究の再定位―

松永　伸太朗
(長野大学)

永田　大輔
(明星大学)

1. 問題設定──理論的視点と質的研究

　本稿は、国内の労働社会学で雇用労働を中心に展開された河西宏祐の議論の重要性を再確認しつつ、雇用労働が前提でない形でいかに継承可能かを議論するものである。

　日本の労働社会学は、日本の雇用労働者が苦境に置かれていることへの批判的含意を込めて行われてきた。しかし、近年は、雇用の流動化や個人化を背景に、雇用労働に限られない労働のあり方が存在感を強めている（Castel 2009＝2015）。そうした周辺労働への問題関心は近年の労働社会学の大きな領野を占めるようになってきた。

　伊原亮司（2021）は、2000年代後半以降における労働・産業・経営をめぐる社会学研究をレビューするなかで、近年の顕著な動向として「周辺労働」とされてきた領域の質的な研究が蓄積し、それと連動する形で「働く者の文化」をめぐる研究が蓄積していることを指摘している。この研究群では、多様な就業形態で働く労働者をめぐる研究か紹介され、職場環境・人間関係・仕事内容や、その前提にある労働規範のあり方が明らかにされている。伊原はこうした評価をしつつも、労働現場に内在的な記述に留まることには疑問を向けている。伊原によれば、ミクロな場における現実に埋没せず、「立体的・相対的に現場を捉え、大局的・長期的な視点から位置づけ直し、各場と「社会」とをつなぐ概念や分析フレームを鍛え直す」（伊原 2021: 53）必要があるという。

　この伊原の指摘は労働社会学における事例研究の一つの方向性を示すものであ

るが、対象となる労働現場や労働者に関する記述に一定の蓄積がみられてはじめ
て可能になるものである。伊原自身も行ってきた自動車産業の研究（伊原 2017
など）のような、事例研究の蓄積がすでに多く存在する対象であれば可能である
が、そもそも伊原がレビュー対象として挙げている記述の蓄積が乏しい対象でそ
うした研究は可能なのだろうか。本稿では、労働現場に内在的な研究の蓄積が乏
しい雇用によらない労働において、労働者自身の立場に即した記述的な質的研究
がいかなる意味をもつのかを議論する。

2．先行研究──働き方の多様化と労働者概念

　雇用によらない労働を労働社会学的に扱った重要な研究例として、柴田が建設
業一人親方を事例として請負労働でも労働者性が認められることを指摘し、雇用
労働に準拠した労働者保護を求める議論がある（柴田 2017）。こうした議論は労
働者性を明確に認めることができる対象においては意義をもつが、実際には雇用
によらない労働の多様性を踏まえればそもそも労働者性を有するかどうか自体に
複雑な検討を要する場合も多くあると考えられる。こうした外形的に労働者性の
有無を捉えることが難しいような対象に対してどのような記述を労働社会学が与
えていくべきかという点はこれまで検討がなされてこなかった。

　雇用によらない労働の「労働者性」については労働研究において法学的な観点
を基礎にしつつ議論が積み重ねられてきた。『日本労働研究雑誌』2012年7月号で
は、「働き方の多様化と労働者概念」という特集が組まれ、法学者・経済学者・
社会学者が論考を寄せている。ここでは個人事業主を労働者として認めることが
できるのかといった問題が議論され、既存の労働法のあり方のなかで議論されて
きた労働者概念を再考することが試みられている。皆川（2012）は、労働関連
法制における労働者性概念が複数の水準で存在することを議論している。就業者
のなかに「雇用と自営の中間的就業者」（皆川 2012: 19）といった、労働基準法
上は労働者と認めることができるか判断しにくい労働者が多く存在する。労働法
制がカバーできていない就業者をいかに保護するかといった問題を提起している
のだ。

　こうした法学的な議論に対して、佐野ほか（2012）は、就業者自身が自らの請負就業への選択をポジティブなものとみなしているのかどうかを把握するべきであると指摘している。この指摘は、法学的な議論とは異なる形で社会学的な記述を与える方向性として一つの可能性を示している。しかし、個人請負就業者に存在する多様性を加味したときに、その多様性を踏まえない形で就業選択への価値づけを把握することで請負就業者の理解を適切に捉えたことになるのかは疑問である。

　これらと関連して雇用によらない労働に対する価値基準を再考する研究が進展しつつある。英米圏の労働社会学では、これまで雇用労働を前提に構成されていた労働をめぐる評価的概念について雇用を前提としない形で見直す動きが見られる。Warhurst and Knox（2020）は、テイラー主義化による労働疎外に対する批判として当初提出された「職業生活の質 Quality of Working Life」という概念が、多様な国家や企業で用いられるうちに雇用の質を示す概念に転化しており、長期雇用を前提としない働き方が広がっている現代社会に適合的でないことを指摘する。QWLは働き方が多様化した現代社会における労働に価値判断を行う基準としての有効性が乏しくなっている。その処方箋としてこれまでのQWLの概念だけでなく、失職するリスクを自ら統制できるか、働く時間や場所を自己決定できるかなど、新しい指標を追加することの重要性を指摘している。賃金などの旧来からの指標も含めて、雇用労働者を基準とするのではなく、就業形態にかかわらず満たすべき「最低基準」がQWLの判断の基礎に置かれるべきだと主張しているのである。

　本稿もこうした雇用のみを基準としない価値基準を求める方向性には賛同するが、ここでいう「最低基準」とはいかにして設定できるのだろうか。Warhurstらは「最低基準」を定式化するにあたって、国家による法的な基準を定めることが重要であるとしている。ここには、雇用によらない労働における働き方の基準を一律に設定することができると考え、そのなかにある多様性を捨象する方針が存在している。とりわけ、雇用によらない労働を一つのカテゴリーとしてまとめて捉えようとするため、個別の職業や就業者が自らの仕事について有している理解が描かれないことになる。Warhurstらは雇用によらない労働の要素を職業生活

の質に採り入れるという方針を示しているが、このように職業や就業者ごとに存在する理解を捨象することによって、雇用によらない労働の要素を不十分にしか採り入れられていないという帰結をもたらしていることになる。

このように雇用によらない労働の多様性を社会学的研究が不十分にしか描けなかった背景には、労働者であるとはいかなることかについて、社会学独自の理論的視点を構築することが不足してきた点があると思われる。多様性を記述する社会学的視点を確立すれば、雇用によらない労働の内実についてより適切な議論が可能になるはずである。

本稿は、雇用によらない労働の多様性を捉えるにあたって、どのような理論的視点が必要であり、その理論的視点に基づいた考察を行うにあたっていかにして質的調査が意義を持つのかを位置づけ直す。そのために、日本の労働社会学において労働者をめぐる理論的視点の可能性として河西宏祐の議論を読み返し、その応用可能性を議論する。さらにその応用可能性を展開するうえで有効となる英米の議論を参照し、有力な経験的記述の方針を示しているといえる研究事例を取り上げる。

3．労働社会学における〈支配・受容・変革〉問題再考

（1）日本における労働社会学の研究関心

本節では、日本の労働社会学の理論的視点の代表として河西宏祐の議論を取り上げる。河西は、日本労働社会学会設立に大きく関わり、少数派労働組合研究を基点としながらも労働社会学の理論的視点を整理した教科書を複数執筆した社会学者である（河西 2001; Mouer and Kawanishi 2005＝2006）。

日本の労働社会学は、その黎明期から質的調査を重視し、労働をめぐる望ましい秩序のあり方を考察してきた。日本において「労働社会学」という語を最初期に用いた社会学者である松島静雄（1951）は鉱山労働者が形成する疑似家族組織における互助を調査しそれを評価しつつも、労働者が自主的な秩序形成を行うことには限界があることを指摘し、近代化を通して乗り越えられるべきものとして論じた。河西の指導教員である間宏は、日本的経営を分析するためにこうした

視点を継承している。間（1964）は日本的経営の背景にある企業の労務管理の
あり方として温情主義的な管理を中心とした「経営家族主義」があり、これが苛
酷な労働条件にもかかわらず高い勤労意欲を持つという日本の労働者の傾向の背
景にあることを指摘した。間は経営家族主義は戦前期に確立し、従業員の生活安
定等の要求を充足する機能を有することに加え、戦前の労働力が農民出身者中心
であり家族主義になじんでいたこと等が背景にあったことを論じた。

　間は日本の労働を対象とした社会学が問うべき対象と、それを問う社会学の問
題領域を整理した点では重要である。間が労務管理といった経営者層を問題とし
たのに対し、河西は日本の高い勤労意欲を有する労働者への関心を中心に労働社
会学を意義づけたことが、河西の仕事を理解する上で重要である。それでは労働
社会学を河西はどのように定式化したのか。

(2) 労働社会学の基本問題とその独自性

　河西は経営社会学と労働社会学の関係性について論考を用意している（河西
2001: 第4章）。河西は、苛酷な労働条件にもかかわらず高い勤労意欲を有する日
本の労働者に着目する。河西は日本における労使関係は経営側が有利であるとい
う認識に基づきつつ、本来は企業横断的でありうる「労働文化」や「日本的労
働」が、経営側による「経営文化」や「日本的経営」の影響を実際には受けざる
を得ないと指摘する。経営社会学の場合、人事制度の設計や運用といった労務管
理による〈支配〉の問題を研究課題とすれば十分である。一方、労働社会学は労
務管理に対して労働者がどう対応するかという問題を意識せざるを得ないのであ
る。こうしたことから、河西は日本における労働社会学は〈支配・受容〉問題を
第一義的な研究課題とすると述べている。

　河西はこうした研究課題を述べつつ、〈変革〉という要素を付け加えて労働社
会学の基本問題を定式化している。労働社会学では、労働者による労務管理の
〈受容〉の問題、さらに労働者が労務管理から脱出する可能性を有する存在であ
るという点で、〈変革〉の問題を検討する必要があるとする（ibid: 82）。その結果、
労働社会学では〈支配・受容・変革〉の相互関係の研究が課題となる。河西が日本
の企業と労働者に対する現状認識をもとに理論構成を行っていることと、〈支配・

受容〉を課題としつつ〈変革〉という要素を付け加えていることが重要である。

(3) 当事者の論理と労働者文化

　河西は〈変革〉について「労務管理から自立的な労働者生活、労働者文化を確立すること」（河西 2001: 82）と定義している。河西（2001）は労働社会学における〈支配・受容・変革〉問題に関連する先行研究の検討から〈変革〉を扱った研究はごくわずかであるとしつつ、そうした研究として企業の管理の枠を越えて横断的な価値観を持つ職業人や、年齢やジェンダーによる企業管理の枠を越えた生活関心をもつ労働者を取り上げた研究に言及している。こうした労働者の価値観の持ち方は階級的運動と対比して「生活レベルの変革」と呼ばれる。こうしたことから、河西は企業のみに依存するのではなく、それを相対化した価値観を労働者が有することを〈変革〉と特徴づけていたことがわかる。

　この問題設定では、「当事者の論理」に注目する必要性がある。労働者が〈支配〉を〈受容〉する過程にも、そこから〈変革〉へ向かう過程にも、労働者自身が「なぜそのように考え、そのように行動したのか」が関わらざるを得ないからだ。これを解明するためには単に労働者の価値意識を把握するだけでなく、それがどのように具体的な状況に根ざした形で形成され、発揮されたのかが把握されなければならない。こうしたことを捉えるために、河西は労働社会学研究において質的調査が中心となることを常に主張していた。

　生活に着目した〈変革〉という議論は、河西が主たる研究対象としていた少数派労働組合の研究に端を発していると考えられる。河西（1981）は少数派組合として長年にわたって苦境にあったにもかかわらず運動で勝利を収めた組合に着目し、その条件として労働組合が労働者の生活圏を包摂する組織となることがあると指摘する。河西は組合をめぐるモノグラフのなかで、工場外での遊びなども含めて職場の連帯を強める組合員たちを描いた。河西は企業の労務管理に基づく価値観を労働者が相対化する可能性をもった場の一つとして少数派組合に着目し、分析としてはその労働者が営む生活を描くことを重視していた。近年は集団的労使関係の弱まりと雇用の流動化により、企業を単位としては捉え難い労働者の浮上が問題になっている（Castel 2009＝2015）。この問題を考える上でも河西の議

論は重要になる。河西が少数派労働組合を通して解明しようとしたのは、組合員でもある労働者の〈変革〉の可能性を支える、経営者側が強いる「従業員文化」から独立した職場集団の「労働者文化」であった。

(4) 雇用によらない労働における〈変革〉

　河西は少数派組合を事例としたが、その対象を特権的なものとして扱っていたわけではない。むしろ、日本企業の労務管理が経営家族主義から能力主義に変化した条件のもとで新たに苛酷な労働条件にもかかわらず高い勤労意欲をもつ労働者として自動車産業のライン工に着目し、その〈受容〉を描く研究等を高く評価していた（河西 2001）。労働社会学で重要とされるのは時代ごとに浮上する高い勤労意欲をもつ労働者を捉えることであり、こうした点で雇用保障の乏しいなかでもその職業で働き続けようとする労働者は、むしろ雇用労働を中心に発展した労働社会学の問題関心を、引き継ぎつつ展開するうえで重要な対象でありうる。しかし、雇用を前提としない労働では、河西が依拠できたような記述的研究の蓄積は十分ではない。

　そもそもそうした労働では使用者と呼べる存在が明確ではない場合もあり、〈支配〉の存在を前提に議論ができない。〈変革〉の論点も、〈支配〉が不明確である以上、拙速に議論を進めるべきでない。労働社会学が将来的に〈支配〉とそれへの〈変革〉につながる議論を生みだすためにも、まずいかなる視点のもとに記述を蓄積すべきかを整理する必要がある。ここで重要なのは、〈支配〉が不明確な労働においても、それに労働者が従事している以上は、その労働への〈受容〉は存在する点である。河西自身が当事者の論理を重視していることからもわかるように、〈受容〉は労働者の側の能動的な行為である。

　労働者が一見不利な労働条件を〈受容〉しているように見えたとしても、その〈受容〉の中からその労働条件を相対化する契機を持つ可能性は依然として残されている。その相対化の可能性を探るうえでは、労働者がそこまで行っていた〈受容〉がいかなる条件のもとで限界を迎えうるかを合わせて記述することが重要である。〈受容〉が限界を迎えるとき、労働者が関わってきた労働をめぐる諸条件は問題視されざるを得なくなり、その労働者にとっての〈支配〉として現れ

ると同時に、相対化されるべきものともなる。〈変革〉の可能性はその〈受容〉と〈受容の限界〉に沿ったものでしかありえない。雇用によらない労働における〈支配〉と〈変革〉の問題を考えるうえで、〈受容〉とその延長線上にある〈受容の限界〉を描くことが重要なのである。

　ここまで、河西が定式化した〈支配・受容・変革〉という問題は、雇用労働を前提としない労働を捉えるために〈受容〉の問題を〈受容の限界〉に至るまで詳細に解明するという形に再定式化する必要があることを議論してきた。こうした〈受容〉と〈受容の限界〉は、労働者がその仕事で働き続ける条件にかかわるものであり、1節で述べた「最低基準」と密接にかかわる。労働者が志向している最低基準が満たされない可能性が生じるのであればそれをもたらす〈支配〉が現れ、それに対する〈変革〉の契機となりうる。

　こうした記述の蓄積は将来的に多様な〈変革〉のあり方を議論する可能性を開くうえでも重要である。河西自身も1950年代から経済学を中心に展開していた労働組合研究の蓄積（大河内ほか 1959 など）を前提に、1970年代後半から労働組合運動に関するモノグラフの成果を複数出版してきた。河西は、労働研究の主流派が、日本の企業組織の特徴の一つとして「一企業一組合」を挙げるのに対して、実際には一つの企業に複数の組合が存在することが見受けられること、そして一見すると経営側との交渉力が弱いように見える少数派の労働組合が、労働者の生活を支え向上させる役割を担っていることを早くから指摘してきた（河西 1977;［1990]）。このように労働組合研究の蓄積があったからこそ、河西は少数派労働組合が持つ〈変革〉の可能性を指摘し得たのである。雇用によらない労働においても、まずはそうした記述の蓄積がなされることが重要になる。

　それでは〈支配〉が前提とできないなかで、〈受容〉と〈受容の限界〉を共に描くことはいかにして可能になるのか。この点を検討するための議論を次節で行う。

4．理論的前提としての「同意」の生産

（1）ブラウォイの同意生産論

　労働者がいかにして自らに対する支配を受容するかという問いは、河西が労働

社会学の問題を定式化する以前から、アメリカの社会学者マイケル・ブラウォイが「同意」の問題として経験的研究を通して取り上げてきた論点である。本節では、ブラウォイの主著『同意を生産する』(1979年)の議論を概観する。

　ブラウォイは、農業機械メーカーのアライド社で機械工として参与観察を行い、労働者がなぜ懸命に働くのかについて労働過程論の文脈から明らかにすることを試みた。その中で、主要な分析概念として採用されたのが、「同意」である。この分析概念は、労働者が資本家の搾取(剰余価値生産)を何らかの形で受容しているという発想を基礎にしている。

　それに対して、ブラウォイは雇用労働が続いている以上は常に存在すると考えられる同意という現象に着目して、同意がいかに生産されているのかという分析視角を設定した。搾取について議論するとしても、まずは同意の問題から出発しなければならないとしたのである。ブラウォイの貢献は、同意が生まれる場を、労働過程について労働者が一定のルールに依拠して「ゲーム」を行う場として捉え、それを経験的に描いて見せたことにある。雇用によらない労働に従事する者がその労働にいかにして従事しているかを分析するにあたっても、類似した現象が見られる可能性がある。その分析手続きは、労働社会学における経験的研究について考察するうえで重要である。ブラウォイが提示したゲームとルールの一例を以下で紹介する。

　アライド社では、賃金体系は最低賃金保障付きの出来高給になっており、職場ごとに定められた100%以上の出来高を達成すると、その超過率分のボーナスが支払われるようになっていた。100%に満たない場合は100%ちょうどであった場合と同じ額が支払われる。一方、ボーナスが支払われる上限は140%までで、これを超えるとレート設定が見直される。なお、標準的な労働者が産出する量は、125%と期待されている。これがアライド社における労働者の同意をもたらすゲームのルールである。

　このルールのもと、アライド社の機械工はボーナスを得られる出来高を達成することを「メイクアウト(make out・うまくやる)」と表現し、様々な実践を行っていた。たとえば、容易な仕事が回ってきたときに余分に作り、「積み立て」として難しい仕事が回ってきたときのためにとっておいたり、ボーナスが得られ

そうにないときには作業速度をわざと落としたりしていた。こうした実践が成功し続けるためには、検査工や補助労働者など、自分の仕事に関わる他の労働者との人間関係をうまく維持し続けることが必要であった。

　ブラウォイによれば、こうした実践は資本主義的労働過程の重要な一要素である「剰余価値の隠蔽と保証」という機能を有する。この機能は、労働者が自ら搾取に寄与していることは労働者にとって曖昧なものでありかつ労働者が継続的に従事できるものでなければならないということを意味する。ブラウォイは、調査の結果、上記のメイクアウトの実践がまさにこの機能を果たしていることを発見したのである。

　こうしたブラウォイによるゲームの記述は、労働者がいかにして〈受容〉を行っているのかを具体的に記述したものになっている。さらに、ゲームを支えるルールは、それが破綻すれば労働者による受容も成り立たなくなるという点で、〈受容の限界〉を職場の実践に即して描いたものとして位置づけられる。ゲームは労働者の仕事にかかわる活動に正当性を与えるものであり、そのルールが違反されれば、労働者からみてその仕事にかかわることの正当性が損なわれると考えられるからである。重要なのは、ゲームがルールを前提として可能になっており、そのルールはゲームを通してはじめて機能する関係になっていることからわかるように〈受容〉の記述と〈受容の限界〉の記述は常に不可分の関係にあるということである。ここでのルールの記述は同意生産にかかわるゲームの存続条件となっているという点で、冒頭で言及した産業ごとの「最低基準」に対応するものと位置づけられる[1]。さらに、ゲームとルールはその職場内在的に成立する労働者文化であり、研究者が前もって理論的に把握したり、フィールドワークなしにいきなり質問紙に落とし込めるものではない。〈受容〉の記述には質的調査の知見が不可欠なのである。

(2) 〈支配〉を前提としないなかでの同意の記述

　こうしたブラウォイの議論を〈支配〉が曖昧な産業について展開したものとして阿部真大（2005）によるバイク便ライダーの参与観察研究がある。阿部は、バイクに乗ることを趣味とする若年労働者が、いかにしてバイク便ライダーの仕

事に没入していくのかを明らかにした。バイク便ライダーは時給制で働きはじめ、彼らが趣味として好む大型バイクに乗りながら配達の仕事をこなす。仕事に慣れていくうちに、より高額の報酬を得るために歩合制に転換する。歩合制に転換すると、配達の速度が報酬に直結するため、渋滞した都内の道路などをいかにすり抜けるかなど、労働に強いゲーム性が生じるようになる。このゲームに従事するなかで従来有していた大型バイクへの嗜好が薄れ、魅力に乏しいと感じていた小型バイクを自在に乗り回すことに楽しみを見出すことになる。これを阿部は「仕事による趣味の更新」と呼ぶ。こうした働き方には交通事故などの危険が伴う。歩合制というルールのもとでバイク便ライダーのゲームが発生し、そのもとでの仕事に同意を生みだしていくという点はブラウォイと重なる。

　阿部は後に、こうしたバイク便ライダーによる同意の生産を経営や労務管理に帰属せずに、「職場のトリック」として位置づけている（阿部 2006）。これはバイク便ライダーの労働をめぐるゲームを、労働者自身が仕掛けていることを意味する。ここで阿部は、明確な〈支配〉の主体が存在しないなかでの同意のあり方を捉えることを試みているといえる。こうした同意のもとでも、ゲームが破綻した際には、そのゲームのルールを設定した職場集団や労務管理に対する問題意識がバイク便ライダーにも生じることになるだろう。

　こうした阿部の試みは重要であるが、ブラウォイと同様に職場の存在を自明視しているため、〈支配〉による説明の相対化には限界がある。その相対化を達成するには、職場を規定する制度以外の側面からの説明を行う必要があるといえる。そうした意味で、阿部自身は明確化できていないが「仕事による趣味の更新」の議論は、職場による〈支配〉以外からの説明として可能性を有するものでもあった。

　こうした可能性を展開するうえでは、職場自体を相対化し、私的領域まで射程に含めて同意を描くような視点が必要になる。次節ではそうした視点の可能性について論じる。

5.「労働の全社会的組織化」と生活史

　ここまで雇用によらない労働における同意を議論してきたが、そもそも雇用に

よらない労働における労働はどのようにして捉えることができるのだろうか。本節では、特定の労働のあり方を与件に置かないことで、労働の自明性を問い返す議論を参照する。職場を相対化した形で同意を論じることの重要性は前節で指摘したが、それを企業労働という枠組みを前提としない形で行うに当たってグラックスマンの議論は重要である。

　たとえば、フリーランス労働ではその働き方は労働者がいかなる生活を営んでいるのかによって多様な仕方で規定される。いわゆる内職のような形で家計補助的に働いている者、本業の傍らで副業を営んでいる者、専業のフリーランサーなどが存在し、いずれも生活に対する労働の位置づけが異なる。専業のなかでも、特定企業に「専属」する労働者もいれば、複数の企業から業務委託を受ける労働者も存在する。後者では、業務時間外にも取引相手との関係を維持するための労力を割く必要も生じ、それは業務時間外でも「労働」として経験されることも考えられるだろう[2]。さらに、いわゆる賃労働には属さない家事労働などが、当事者にとって労働として経験されることも考えられる。こうした考察に基づくと、雇用によらない労働のなかには雇用契約の存在しない請負労働はもちろん、賃労働ではない家事労働なども含まれることになる。雇用によらない労働はまずもってこうした広範なカテゴリーとなるが、そのなかで個別の労働がどのような位置づけを持つのかについては、経験的な記述に基づいて明らかにされる必要がある。

　そうした経験的記述を行ううえで参考になるのがグラックスマンの議論である。グラックスマンは、1930年代のイギリスにおける女性労働において、さまざまな種類の有償労働と家庭内労働とがいかなる形で接合されていたのかを解明するために、「労働をめぐる全社会的組織化 Total Social Organisation of Labour: TSOL」という概念を提示している（Glucksmann 2000＝2014: 27）。ある状況では「働く」活動とみなされることが、別の状況では「働く」活動とみなされないことに着目し、このように実際には曖昧な「労働」という活動をいかに定義できるかという問題を提起している。

　この議論は、既存の労働社会学が企業や職場の内部における分業 division of labour を中核的な概念として担保し続けてきたことへの問題意識から発せられたものとなっている（Glucksmann 2009）。グラックスマンは、20世紀後半にみら

れた社会変動によって既存の分業概念には問い直しの余地が生じてきたことを指摘する。そうした変動の一つとして労働中心の社会から「消費社会」への転換がある。グラックスマンによれば、後期近代化の進行によって文化や美という基準が労働よりも人々のアイデンティティの源泉として機能しており、こうした問題は既存の分業概念では捉えがたい部分があるにもかかわらず、労働社会学はその概念を堅持してきた。さらに、そもそも労働はそれ自体で単独で成り立つものではなく、労働と消費という二分法自体が有効性を持たないような場合も存在する。このような社会状況のもとで、労働社会学は分業の概念をより拡張して議論しなければならないことをグラックスマンは主張する。

　その問題への解答が、TSOLである。グラックスマンはこの概念について、「特定の社会におけるあらゆる労働がさまざまな構造、制度、活動、人々の間で分割され、配分されるあり方」(ibid: 27) と定義する。つまり、社会においては、必ずしも企業における有償労働に限られない「労働」が存在し、そうした様々な労働が互いにどう接合しているかということ自体が、労働の社会学的分析の対象になるというのである。TSOLの射程は①生産・配分・交換・消費の過程、②ペイドワーク／アンペイドワーク・市場／非市場・公的セクター／非公式セクターの境界、③労働に関する活動の分節化や、それと労働とはされない活動との関係性、④これら３点の関係性に影響を与える時間など多岐にわたる (Glucksmann 2005)。ここでは②と③の、労働をめぐる境界や分節化に関する視点が重要である。組織への帰属を前提としない形での労働においては、労働と生活の関係性が複雑化し、それらを労働者自身が再構成していく必要が生じると考えられるためである。こうした枠組みは、各々の労働者の視点から、様々な「労働」がどのように意味づけられているのかを把握することを要請する[3]。

　グラックスマンはTSOLにおける分析に際して方法論としてオーラルヒストリーの手法をしばしば用いている (Glucksmann 2000＝2014)。しかし、グラックスマン自身も編者として参加し、TSOLの議論を展開した論文集では、現状分析に属するインタビュー調査の論考も収録されている (Pettinger 2005; Dermott 2005)。このようにTSOLは多様な方法論を許容している。重要なのは、労働という現象を所与として捉えるのではなく、私的領域に代表されるその外延との関

連で問うことにあるといえる。

　グラックスマンの枠組みは、こうした多様に経験されうる労働のあり方に対して、生活という視点に着目してアプローチすることが目指されている。河西がさまざまな労働組合を対象とした記述的研究に基づいて少数派労働組合に着目することができたのと同様に、こうした多様性のもとでの同意をめぐるゲームを捉えるためには、個別の労働において生活と労働の双方を射程に入れた記述的研究が整理・蓄積されていく必要がある。

　生活と労働の関係を考えるうえで、ジェンダーの視点から労働のあり方を分析した一連の研究は参考になる。大沢真理（2020）が日本の企業社会や社会保障政策の編成を検討するなかで指摘してきたように、日本社会が民間大企業中心の会社本位の社会であることと、「巧妙な性別・年齢別の役割分担関係のなかで、万事に男性の利害が——彼らの生活サイクルや働き方の都合が——中心となっている男性本位の社会でもある」（大沢 2020: 181）ことは、分かちがたく折り重なった現象である。そうした中で女性の労働と生活の関係をその複雑さを含めて分析する必要がある。以下では女性の労働と生活の問題と同意のあり方を問題にしている二つの経験的研究を取り上げる。

6．同意生産の記述と経験的研究

（1）職場外における同意の生産

　本節では、雇用によらない労働における同意を実際に記述していると評価できる経験的研究を取り上げる。とくに、職場外の生活と関連した同意がどのようにして記述されているのかに着目する。そこでは労働過程のみではなく、生活全体を含み込んだゲームのあり方が重要になる。職場におけるゲームはそこに属する労働者によって集団的に営まれるが、職場外の生活においてはゲームとその前提となるルールが個人化された形で行われることが多い。集団においてなされるゲームでは違反者が生じないよう集団内で一定の管理がなされるが、個人の場合はそうした制約は生じないため、行われるゲームはより多様化することになる。そのゲームは、ブラウォイが示したような経済的な利益を最大化させるゲームに

は限られず、ジェンダー関係と不可分な関係で成り立っている場合もある。こうしたジェンダーと労働の結びつきに関する議論を踏まえると、同意に関する議論においても、ジェンダーの問題とそれと関連した労働における同意がどのように結びついているのかについて検討する余地があると思われる。そしてそうした同意のあり方は、職場外の生活と関連した同意の一つにほかならない。

　Mears（2015）は、ブラウォイの同意生産論に依拠しながら、職場外で生じる同意についてVIPクラブで働く若年女性の無償労働を事例に議論している。Mearsは、若年女性とそれをスカウトしてパーティー等に送り込むプロモーター間に存在している労働現場内外のゲームとそれを支えるルールを解明している。多くの場合男性であるプロモーターは、「ガールハント」の形で女性と交友関係を築き、労働とは感じさせないようにしつつ女性をパーティーに送り込む。女性は、VIPクラブでの接客の見返りとしてプロモーターがレストランでの食事や小旅行をプレゼントするという約束のもとに、この無償労働に同意する。この同意は、女性から見てプロモーターとの関係が私的な交友関係だと理解されている限りで継続するが、自身がプロモーターに都合良く利用されていると感じたときなど、交友関係を逸脱していると理解されたときには破綻する。つまり、交友関係の維持がここでのルールである。ゲームとして維持される交友関係に隠蔽されていた、プロモーターによる女性への支配が現前する形で同意が破綻するのである。この事例は、労働が親密な交友関係という非市場的な関係と結びつけて遂行されているという特異な労働の全社会的組織化のあり方を明らかにしている。このようにして、Mearsは若年女性のプロモーターとの関係性を基礎とした受容と、受容の限界のあり方について議論していると位置づけられる。同時にこれらは二者関係的なものとなりがちであり、ルールの破綻もプロモーターとの個人的な関係に依存しやすい。

　Mearsの議論は職場外における同意を描いており、雇用によらない労働の「最低基準」が職場内に置かれるとは限らないことを示す議論として興味深いが、プロモーターと女性の関係性は長期的には続かない。一方で雇用によらない労働のなかにも、専業フリーランスのようにその仕事で中長期的なキャリア形成を行う者が存在する。こうした議論においては、当の労働に従事しながらより中長期

的なキャリア展望が得られているかどうかが重要になる。長期的な雇用を前提としない場合、こうしたキャリア展望は日々の生活を通して徐々に獲得されるものであると考えられる。以下では、前述した研究群を直接は参照していないが、雇用を前提としないなかでのキャリア展望の獲得とそれと不可分な形で存在する生活の再編成を示唆する著作として評価できる、鈴木涼美（2013）のAV女優を対象とした研究をここまでの議論を踏まえてレビューする。この鈴木による議論は、日本の労働社会学の潮流に位置付くものとして扱われてはこなかったが、性の商品化と労働への同意が分かちがたく存在するという意味でTSOLの視点が重要になる事例である。性の商品化という生活と分かちがたい現象が関わる労働が扱われることで、本稿がここまで示してきた視点が経験的な分析として示されている重要な研究である。

（2）同意の生産とキャリア

　鈴木（2013）は、性の商品化が関わる広範な職業と地続きのものとしてAV女優を捉えつつ、性の商品化が外部から「強制／自由意志」（鈴木 2013: 12）という枠組みに隔たって捉えられてきたため、当の女性の視点から「慎重にしろ無防備にしろ線を引きながらつきあってきた自らの商品性」（ibid: 13）について語ることが重要であると指摘する。そのために、「性の商品化の過程、性が商品化される現場」（ibid: 18）に着目することが重要であるとし、AV女優という線引きの極限の事例を対象とし、そこでの「動機」の語りに着目する。以下でもみるが、AV女優は雇用を前提とせず、その業務遂行について企業からの指揮命令に理念上は基づかないフリーランス的な働き方をしている。性の商品化は、自らのどこまでを労働を通して商品化するかを受容するのかを自らが選択する必要があり、その際に身体的・生理的許容度や生活の仕方と如実に関わる事例であり、絶えず労働者が同意するか否かの選択を迫られているものとしてみることができる。ここでは性の商品化にかかわる活動がどのようにして労働に関する活動と結びついており、どのような「最低基準」が存在するかがその同意の記述を通して明らかになっている。

　性の商品化に関して、フェミニズムの文脈で女性による「線引き」の実践に着

目することを指摘している議論として中村（2017）がある。性の商品化に関しては、自由意志と強制に基づく二元論が存在するが、こうした二元論は女性が自己の女性性や女性身体の商品性と付き合うにあたって自分なりの「線引き」をしており、その延長線上に「性の商品化」という現象があることを指摘する。このように性の商品化を理解することは、その女性の選択を「完全な自由な意志を持った選択でもないが、完全に強制された選択でもないような何物か」（中村2017: 189）として当事者の「線引き」があることを示すことにつながるという。その上で性の商品化は女性のほとんどが多かれ少なかれ完全にそこから自由になることができず、普段から経験している生活上の問題と地続きな形で把握できるという点でもこうした視点は重要になる。そうした中でどのように自らの労働を選ぶのかということが性の商品化をめぐる労働にはつきまとうのである。このようにして性の商品化への同意とそれがかかわる労働への同意は重なることになるのである。

　その同意に関してより掘り下げて理解するために鈴木（2013）の第5章の単体AV女優から企画AV女優へ」を取り上げる。その分析からは、AV女優達の当事者の論理が浮かび上がってくる。

　同書の第5章は「AV女優のキャリアを軸に展開」（ibid: 176）されている。まず、AV女優の活動形態には「単体／企画AV女優」という契約形態の差異を軸に議論がされている。単体AV女優とは、「メーカーと専属契約を結び、契約期間中（多くの場合六ヵ月、稀に十二ヵ月や三ヵ月）は他メーカーの作品に出演しないで、月に一度そのメーカーから発売される作品に出演する」（ibid: 177）もので、「単体AV女優がVTRの撮影を行うのは月に一回だけであり、その代わりにその一本に対して高額のギャランティ」（ibid: 177）が払われるものを指すという。それに対し企画AV女優というのは「そういった専属契約なしで活動するAV女優全般」（ibid: 177）を指し、「単体契約を消化した後四〇万円程度でそれまでと内容がほぼ変わらない作品に出演する元単体AV女優も企画AV女優の一例」（ibid: 177）である。まずは「単体AV女優としてデビューしてから企画AV女優に転身していくのが理想的」だとされている。

　この移行への同意は、出演作あたりの単価が下がり、かつ作品ごとの労働負荷

も上がっていく過程であるため、単純な経済合理性で説明はできない。しかしこれは常に当事者にとってネガティブな経験ではない。そうした移行自体が労働現場で持つ意味に鈴木は着目している。そこで分析の軸となるのは、インタビューで現れた二つの語りである。「頑張れば頑張っただけ上にいける」という語りと「この世界で上に行きたいと思うようになった」という語りである。単価が下がり、労働負荷が増加するような移行で「上」に行くとはいかなることであるのか。これはあらかじめ研究者が把握できるような知見ではなく、質的調査においてはじめて入手可能な知見である。

　「頑張れば頑張っただけ上にいける」という語りにおいては、その頑張るということがどのようなことであるかを明らかにしている。単体から企画への移行においては、単価の下落によって減少する収入を保つためにフリーランスとなって自ら仕事を獲得し撮影本数が増えるという過程が伴う。この段階からAV女優が「副業」から「本業」に移行し、仕事を継続するには自ら仕事を取るために面接に行くことになる。フリーランス労働においては、このように「労働を得るための仕事」（Harvey et al. 2017）が生じ、この仕事は労働者の生活を圧迫することになる。

　面接では、自分はどのような仕事ができる人間なのかを提示する必要が存在し、それを強調し自らの仕事を獲得し組み立てるのである。「より良い条件でAV女優として活動するために、より選択の幅を広げ自由に活動するAV女優となるために、彼女たちはより多くの面接に出向き、よりキャラクターを強調した面接スタイルを獲得」（ibid: 190）することになるのである。この面接の過程では、自らの性をどこまで商品化するかについても含めて自己呈示することになる。このように、AV女優にとってその労働の位置づけが「本業」に変わっていくに伴って、日常的な自己呈示の仕方という一見労働と直接結びつかない活動が、AV女優としての労働の一環として位置づけられるようになる。このようにAV女優の仕事では労働それ自体と私的領域における活動が相互浸透しながら労働の位置づけを変えていく側面が顕著に見いだされ、TSOLで議論されていた特徴がみられる。

　キャラクターに基づいて仕事を獲得することは、AV女優の同意をもたらすゲームとルールに密接に関わっている。それが現れているのが、もう一つの「こ

の世界で上に行きたいと思うようになった」という語りの分析である。多様な作品に出る幅をもち、それによって多様な仕事の組み立てが可能になったことに伴って「AV女優のヒエラルキー」は多様に作られる。単体AV女優に限っても先輩・後輩はある一方で、若い方が人気も高い。企画AV女優も含めれば、指標はより複雑となる。ギャランティもどのような作品に出演するかに依存する場合が多いため、企画AV女優の場合はAV女優の価値を計りうるものではなくなっていく。さらに、その多様な価値観は評価する側も利用する資源となっていくのである。ではAV女優のそうした自己呈示はいかにして可能になるのだろうか。

　そのきっかけとなるのはAV女優同士の「共演」という機会である。単体AV女優の頃は一人で出演する仕事が主流である。しかし、キャリアを積む中で様々な共演の機会を得ることになる。そのキャリアを積む経験の中で、上の世代との共演で演技を学び報酬にかぎられない能力を理解する機会を得たり、後輩との共演で先輩として振る舞う中で自らの特性を意識したりすることに繋がる。さらに多くの同僚がいる中での出演では自分がどのようなキャラクターであるかを意識し提示していく必要が表れてくる。こうした「上を目指す」ことの多様さが彼女らの労働を支えることになる。

　このような過程を記述し、「もう若くはないし、単体契約も切れた、ギャランティも下がる一方だ、しかし、もう少し経験を積めば、経験豊富なベテラン女優としての地位を手に入れることができる、特殊な技術を身に着ければ、特殊な内容のVTR撮影の際に必要とされる、他の人が出演したくないジャンルにも出演の幅を広げれば、メーカーから重宝される」(ibid: 213) といったAV女優の仕事に対する同意を描いている。「AV女優としての活動を通じて知りえた、また別の指標をもって「上」を目指し、そこに「頑張る動機」を見出し」(ibid: 213) て、「自発的な動機は、一般的な指標で外部から価値を付与されていた単体AV女優時代よりも、より強く彼女らの労働を支えている」(ibid: 213) 側面を記述しているのだ。ここでは、同意に際して準拠するルールが、契約や報酬などの一般的な労働者とも共通するものから、自らが出演する作品の内容などの性の商品化に関するものに移行していることが見てとれる。その同意を可能にするゲームとルールはいかなるものなのだろうか。

　共演の事例からわかるように、AV女優は日々の職業生活のさまざまな場面を通して自らの固有のキャラクターを獲得している。こうしたプロセスは「上を目指す」と言われていることからわかるように、AV女優にとって就業継続だけでなく一つのキャリアのあり方となっている。自らの性の商品化にかかわる自己呈示活動は、共演の事例ではキャリアという仕方でAV女優という職業の労働に組み込まれるに至っている。TSOLの視点により、こうした雇用によらない労働と生活の関係性を単純化せずに把握することができる。職業に内在するキャリアのあり方と、それを可能にするキャラクターの獲得という実践が、AV女優の同意をもたらすゲームとして位置づけられる。このゲームは、同僚との関係の中で身に着けたキャラクターの獲得が仕事の獲得につながるというルールのもとで可能になっている。こうした分析によって、AV女優がこのルールが機能する限りは同意を生産しうることや、逆に共演を通してもキャラクターの獲得につながらなかったり、キャラクターを獲得しても仕事の獲得につながらなかったりすれば、同意が破綻することが予測可能になる。性の商品化をめぐってはすでに何らかの線引きが存在しているが、仕事の継続に支障が生じることによって、現場の管理者や同業者などへの問題意識が改めて生じる可能性もあるだろう。ここで記述された生活を含んだキャリアのあり方は、AV女優の労働の「最低基準」の一つなのだ。

　このような同意をめぐるゲームとそのルールの記述をTSOLが示唆するように労働をとりまく多様な境界や関係性も踏まえつつ行うことは、労働者の〈受容〉がいかにしてなされているのか、それにいかなる〈受容の限界〉が内在しているのかをその職業固有の形で明らかにすることができる。労働者にいかなる〈支配〉が働いているのか、〈変革〉の契機があるのかといった問題は、ここで明らかにした〈受容〉の内実を前提にしてはじめて問うことができる。AV女優のキャラクターの獲得プロセスについて〈支配〉を論じることもできるが、これは〈受容〉としてのキャラクター獲得プロセスを把握できて初めて成立する問題である。こうしたことからも、〈支配〉〈変革〉を論じようとするならば、まずは徹底した〈受容〉の記述を積み重ねていくべきなのである。

7．結　論

　本稿では、日本国内の労働社会学の射程を変わりゆく労働環境に合わせた形で再考するために、欧米の労働社会学との接続を考察し、雇用によらない労働に対する質的研究の意義づけを理論的に再定式化した。本稿では、日本の労働社会学の到達点として河西宏祐が提示した、労働社会学の基本問題として〈支配〉〈受容〉〈変革〉という視点が重要だとする議論に着目し、そのなかでも労働者の〈受容〉に焦点化することの意義を指摘した。しかし雇用によらない労働においては〈支配〉の主体が明確ではなく、それに伴って〈変革〉の対象も再考する必要が生じることから、〈支配〉〈受容〉〈受容の限界〉として定式化し、そのなかでも〈受容〉の記述を蓄積することの重要性を指摘した。

　その〈受容〉の視点を〈支配〉を前提としないなかでも展開するために、労働者の資本主義的労働過程に対する同意に着目したブラウォイの議論を取り上げた。同意をもたらすゲームと、それを支えるルールを記述することが、河西の〈受容〉をより精緻に取り扱うことにつながることを論じた。

　グラックスマンの議論から、雇用によらない労働は私的領域などとの関係性が重要になることから労働概念を再配置するTSOLの意義を指摘し、職場外の同意にも着目することが重要であると議論した。こうした同意のあり方は個別の労働に即して質的に記述されることによってはじめて意味をもつことから、同意とTSOLの論点を含んだ記述を実際に行っている経験的研究としてMearsによるVIPクラブで無償労働を行う女性と鈴木涼美によるAV女優を対象とした質的研究を検討した。これらの研究は、質的調査を用いて労働者が依拠するゲームとルールを職場内に限られずに記述することによって、その職業が固有に持つ「最低基準」のあり方を明らかにすることに成功していた。

　こうした議論は、雇用によらない労働において新たな職業生活の質を模索する議論（Warhurst and Knox 2020）が、画一的な「最低基準」を拙速に目指すのに対して、まずは個別の労働に即して存在するさまざまな基準を明らかにするということの必要性を示すという貢献をすることになる。近年雇用によらない労働の典型例であるフリーランス労働に関する様々な量的調査がなされている（リク

ルートワークス研究所 2020 など）が、そこで効果的な質問項目を設定するためにも、まずは本稿の方針に基づく産業ごとの質的な記述の蓄積は重要な意味をもつ。本稿は労働者の〈受容〉の記述に着目することで、労働社会学にとって質的調査がいかなる意味をもつのかを再定位してきたのである。

　本稿が提示してきた視点は、労働社会学において蓄積してきた個別の雇用によらない労働に関する事例研究を互いに関連づけることを可能にする。近年の日本の労働社会学においては、建築士（松村 2021）や一人親方（柴田 2017）など、雇用をベースとしない労働を対象とした事例研究が蓄積されつつある。これらの研究は重要であるが、雇用によらない労働をめぐる研究を発展させるうえでは、個別の記述を方法的に比較し関連づけられる必要がある。本稿はそうした検討に向けた視点を準備するものであるが、実際にその検討をすることに関しては今後の課題である。

〔注〕

1　Burawoy（1979）はここで挙げた出来高賃金をめぐるゲーム以外にも、作業のタイミングを管理者を欺く形で調整すること（ibid: 165）、裁量を守るための団体交渉（ibid: 115）などもゲームとして取り上げている。

2　近年の日本労働社会学会で、「生活という視点から労働世界を見なおす」（『日本労働社会学会年報』30 号）という特集が行われ、生活から労働を問い直す視座が期待されている。

3　リクルートワークス研究所（2020）の質問紙調査によれば、「フリーランスになるために重要なこと」への回答の第一位は「生活資金を蓄えること」（44.8%）、第二位は「受注先とのコネクションをつくること」（33.7%）である。

〔文献〕

阿部真大（2005）「バイク便ライダーのエスノグラフィ―危険労働にはまる若者たち」『ソシオロゴス』29、215-231 頁。

──────（2006）『搾取される若者たち―バイク便ライダーは見た！』集英社新書。

Braverman, Harry（1974）*Labor and Monopoly Capital: The Degradation of Work in the Twentieth Century*, New York: Monthly Review Press.（1978, 富沢賢治訳『労働と独占資本』岩波書店.）

Burawoy, Michael（1979）*Manufacturing Consent: Changes in the Labor Process under Monopoly Capitalism*, London: The University of Chicago Press.

Castel, Robert（2009）*La montée des incertitudes: travail, protections, statut de l'individu*, Paris:

Seuil.（2015，北垣徹訳『社会喪失の時代―プレカリテの社会学』明石書店.）

Dermott, Esther（2005）"Time and Labour: Fathers' Perceptions of Employment and Childcare," in Pettinger, Lynne, Jane Parry, Rebecca Taylor and Miriam Glucksmann（eds）*A New Sociology of Work?* Malden: Blackwell: 91-103.

Glucksmann, Miriam（2000）*Cottons and Casuals: The Gendered Organisation of Labour in Time and Space*, Durham: Sociologypress.（2014，木本喜美子監訳『「労働」の社会分析―時間・空間・ジェンダー』法政大学出版局.）

―――――（2005）"Shifting Boundaries and Interconnections: Extending the Total Social Organisation of Labour," in Pettinger, Lynne, Jane Parry, Rebecca Taylor and Miriam Glucksmann（eds）*A New Sociology of Work?* Malden: Blackwell: 19-36.

―――――（2009）"Formations, Connections and Divisions of Labour," *Sociology*, 43（5）: 878-895.

Harvey Geraint, Carl, Rhodes, Sheena Vachhani, Karen Williams, 2017, "Neo-villeiny and the service sector: The case of hyper flexible and precarious work in fitness centres." *Work, Employment and Society* 31（1）: 19-35.

間宏（1964）『日本労務管理史研究―経営家族主義の形成と展開』ダイヤモンド社。

伊原亮司（2017）『ムダのカイゼン、カイゼンのムダ―トヨタ生産システムの〈浸透〉と現代社会の〈変容〉』こぶし書房。

―――――（2021）「分野別研究動向（労働・産業・経営）」『社会学評論』72（1）、37-57頁。

河西宏祐（1977）『少数派労働組合論』日本評論社。

―――――（1981）『企業別組合の実態―「全員加入型」と「少数派型」の相剋』日本評論社。

―――――（1990）『【新版】少数派労働組合論』日本評論社。

―――――（2001）『日本の労働社会学』早稲田大学出版会。

河西宏祐／ロス・マオア（2006）『労働社会学入門』早稲田大学出版部。

松村淳（2021）『建築家として生きる―職業としての建築家の社会学』晃洋書房。

松島静雄（1951）『労働社会学序説』福村書店。

Mears, Ashley（2015）"Working for Free in the VIP: Relational Work and the Production of Consent," *American Sociological Review*, 80（6）: 1099-122.

皆川宏之（2012）「「労働者」概念の現在」『日本労働研究雑誌』624、16-26頁。

Mouer, Ross., and Hirosuke Kawanishi（2005）*A Sociology of Work in Japan*, Cambridge; Cambridge University Press.（2006，渡辺雅男監訳『労働社会学入門』早稲田大学出版部.）

中村香住（2017）「フェミニズムを生活者の手に取り戻すために―『性の商品化』に対する現代女性の『気分』の分析を通して」『新社会学研究』2、176-195頁。

大河内一男・氏原正治郎・藤田若雄（1959）『労働組合の構造と機能―職場組織の実態分析』東京大学出版会。

大沢真理（2020）『企業中心社会を超えて―現代日本を〈ジェンダー〉で読む』岩波書店。

Pettinnger, Lynne（2005）"Friends, relations and colleagues: The Blurred Boundaries of the Workplace," in Pettinger, Lynne, Jane Parry, Rebecca Taylor and Miriam Glucksmann（eds）*A New Sociology of Work?* Malden: Blackwell: 39-55..

リクルートワークス研究所（2020）『データで見る日本のフリーランス―本業＝フリーランス324万人のリアル』リクルートワークス研究所。
佐野嘉秀・佐藤博樹・大木栄一（2012）「個人請負就業者の「労働者性」と就業選択―個人請負就業への志向と教育訓練機会に着目して」『日本労働研究雑誌』72（1）、55-69頁。
柴田徹平（2017）『建設業一人親方と不安定就業―労働者化する一人親方とその背景』東信堂。
鈴木涼美（2013）『「AV女優」の社会学―なぜ彼女たちは饒舌に自らを語るのか』青土社。
Warhurst, Chris., and Angela Knox, 2020, "Manifesto for a New Quality of Working Life," *Human Relations*, 1-18,（Retrieved December 30, 2020, https://journals.sagepub.com/doi/10.1177/0018726720979348）.

書　評

————— 日本労働社会学会年報第32号〔2021年〕—

跡部千慧著

『戦後女性教員史

——日教組婦人部の労働権確立運動と産休・育休の制度化過程——』

（六花出版、2020年、A5判、240頁、定価4,800円＋税）

本田　一成

（武庫川女子大学）

1．本書の概要と主な内容

　手に取った時、どこかで見かけた表紙だな、と気になった。小著『写真記録・三島由紀夫が書かなかった近江絹糸人権争議』(新評論) と似ていることに気づき、装丁者が同一人物であることを知って合点した。だが、軽薄な本ばかり制作してきた評者と異なり、渾身の作り込みによる製作に目を見張った。

　本書は、主に女性の労働権と母性保護に焦点を当て、第二次世界大戦後の女性教員を題材にして「産休代替法」「育児休業法」に関する運動論を詳細に分析する。運動論の主体は日教組婦人部であり、使用する資料は、周年誌、機関紙、報告記録などの文書資料と、関係者に対するインタビュー結果である。こうした分析を通して、女性教員の運動実態を把握し、結論を導いている。

　序章「問題関心と本書の課題」で、結婚や出産後に継続就労してきた女性労働者群である女性教員、日教組婦人部の運動への着眼点と各章の編成を示した後に本論に入る。

　第1章「先行研究の到達点と課題」では、女性教員の研究意義、第二次世界大戦後の研究蓄積、「産休代替法」に関わる視点、「育児休業法」に関わる視点の4点から既存文献を渉猟し、それらの課題と本書の課題との接合を図っている。用いるのは、戦後ジェンダー史、女性労働史、女性教員史、教育史、法制史、労働運動史など多面的な文献である。

　第2章「考察する対象と分析視角」は、考察対象と分析方法を提示して本書の方法論を確定する。引き続き文献調査から、母性保護と労働権をめぐる論争が吟味され、この二分法による接近の問題点を提起し、あわせて使用資料とインタ

ビュー調査について説明する。

　第3章「日教組婦人部の運動と基本方針」は、産休代替法、育児休業法の制定活動の担い手である日教組婦人部について、時代動向、結成以後の変遷、活動の方針と背景、理念、主要な思想を検討する。また、日教組の加入率や労使関係の中で女性教員である労働者の特性を示し、活動の中心人物である女性役員を概観している。

　第4章「「母性保護」を戦略的なタームとした産休代替法制定運動」は、先行研究を検討した後、母性保護と労働権のうち、前者によって主導された法制化過程を分析する。その中にある「母と女教師の会」の活動、非正規労働者である産休代替教員をめぐる活動の2点を取り出し、母性保護と労働権の論理から独立した外部からの影響を受けた日教組婦人部の活動について考察する。

　第5章「「労働権」を戦略的タームとした育児休業法制定運動」は、先行研究の検討後、母性保護ではなく労働権を掲げて取り組んだ法制化過程を分析する。育児休業の構想から制定までの経時的変化を、日教組婦人部のみならず、省庁、政党の方向性の混入も交えつつ考察し、さらに近代家族規範の影響を視野に入れてジェンダー秩序による女性教員の周辺化を見出している。

　終章「結論と残された課題」では、以上の分析を総括し、本書の分析を女性教員史の中で位置づけて評価を行い、今後の課題が記されている。

　以上のような構成と内容である本書は、母性保護と労働権の二者択一への批判、日教組婦人部と母親の会との結合過程の解明、女性教員を巡る言説を従属変数とする手法など、著者独自の切り口による分析で、新たな知見を数多く提起している点で研究上の貢献が大きく、高く評価される。

２．コメント

　想念の書である。著者の各章ごと、章の中の記述の位置づけと役割の提示は手堅い。しかし、重複も多く、著者の記述をもう１人の著者が監査し解説と評価を加えるような趣きになってくると、執拗な手堅さであり、過剰品質の域に入る。

　女性労働史かと思いきや、違う。本書では、労働という文字は労働権など固有の用語を除き必要最小限にしか用いられておらず、禁欲的である。だが、終章は

女性労働史の視点が強いから、決して労働史であることを否定しているわけではなく、女性教員の歴史の説明変数は多数にしておき立体的に考えることを重視しているのであろう。このように、実質は女性労働史と見なせることと、評者の力量の問題もあり、労働の視点から3点だけコメントする。

第1に、実証面に関する評価である。本書はあえて言えば、良くも悪くも「文献の読みすぎ」というもので、読者が一番読みたい著者独自の実証分析がなかなか始まらない。文献調査も調査であるから実証分析に含めるべきかもしれないが、べき論から離れて直感でいうと、全体分量のうち今回の使用資料による実証分析部分が小規模であることは否めず、ややいびつである。

言説や思想に重きを置くという点の利害得失にも関連するが、つまり影響元は特定できても、影響度を測定するのが困難になるのであるが、迂遠であっても、書くべき点が書いてあれば、その難点は和らぎ、本書の評価はさらに高まると思われる。

一例だけ記せば、女性教員が同一労働同一賃金であるという点は定説であろうが事実なのであろうか。分析時期の同一賃金とは、当時の労働界の常識からすれば企業横断的産業別賃金を指すのであって、教員賃金はそれと明確に峻別されるのか。何をもって女性と男性の同一賃金と言うのか。実額はいくらか。本書では賃金自体のエビデンスは提示されていない。公務員だから自明のことなのか。それなら、本書には公務労働であることの特性や分析への影響に関する記述が乏しいのが気になる。

第2に、使用された資料についてである。著者が使用したのはどのような性質の文書資料なのか。誰が何のために作成したのか。使用上の長所と短所は何か。留意した点は何か。もう少し詳しく書いて欲しかった。読者は文書資料にまでアクセスできないのが一般的であるし、研究者の関心が尽きないところである。労組の文書資料は、機関会議の議事録をはじめ思いのほか多くの手が入る。実態と理想の識別が難しいという弱点もある。紙に書いてある文字をどこまで信用してよいのかについて安心したり、折り合いをつけたい読者は多い。

また、インタビューの使用方法が釈然としない。文書資料の分析を補完する手段であることはわかるが、インタビューを駆使したという割には、引用を見る限

り、あまりにも聞き取り結果の利用度が低いことは一目瞭然である。文書資料で明らかにできないことを明らかにする試みがあったのであろうか。

　著者には、そう簡単に理論通りに進まない、いわば歴史の妙を突く発想があり、それを立体的に描こうとする気概があるのに、それを存分に発揮するためにインタビューが使われた形跡はない。

　例えば、日教組婦人部の女性役員リーダー数人が登場するが、上澄みの観察から婦人部を総体として見ているのであって「使用者と労組内部の男性の2つの敵がいる」クミジョ（役員や専従職員など労働界の女性の愛称。評者はそう呼んできた）の集合体として捉えきれていない。せっかくクミジョに会っているのに、あと一味を加えておらず、実にもったいない。女性教員の周辺化もあろうが、クミジョの周辺化はなかったのか。本書の分析には無関係なのか。

　第3は、現代の労働問題との対話である。本書は、こうした対話の重要性が記されており、重要なヒントは提示するものの、内容を具体的に開陳することには禁欲的である。長い年月をかけて考え抜いた研究成果に基づいて、もっと書き込んでもよいと思う。もちろん、その際には、現代労働問題のうち依拠すべき論点の取捨選択と対話が必要になる。

　著者の関心と合致するかどうか不明だが、数例を拾ってみよう。例えば、本書の「産休代替法」制定活動の分析では、雇用形態を超えた連帯による非正規問題への取り組みの好事例とされている。本来、労働者の宿命（正社員は労働時間を狙われ奪われ、非正規は賃金を狙われ奪われる）があり、本質的な労働者の要求が異なる水と油のような両者であるのに、多くの労組では一緒に活動する例が増えている。だが実質的に分断されたままであることから、矛盾のある活動が限界を迎えつつある。

　非正規化がもう一段進むと、労組が深刻な結末を迎えるのは目に見えているが、両者の連携手段やその条件は何か。いまや過労死を含む長時間労働の代表職種になった教員を対象にどんな展開が望まれるのか。

　また、母親と女教師の会の活動事例は、労働者とサービス利用者（消費者）が強固に連携できることを示している。労使関係から「消労使」関係に移り複雑になるが、有効な手段が潜んでいないか。例えば、サービス産業の職場では、増長

する消費者による悪質クレーマー問題がカスタマー・ハラスメントという語感以上に大きくなっている。良心ある消費者（労働者を貶めない労働者・元労働者・候補者）と労働者との結合はどんな条件や取り組みがあれば可能なのか。

　さらに、教員は職場での意識は平等化の方向にあるが家庭生活になると大きなジェンダーギャップが強固に残されていることを、多くの調査が明らかにしている。この事実と、著者が指摘した当時の女性教員の二重労働は一見して同じようだが、何が同じで何が違うのか。労働者の家庭生活に関わることに、労働組合は無力なのか、打つ手があるのか。「働き方改革」ではなく「暮らし方改革」に関わる活動の展望や詳細は描けるのか。

　研究内容からあれこれと実践を考える楽しさも著者の特権であろう。歴史を徹底的に深堀りして現代へ還元するのは貴重だが、半面で、現代の方から逆回転で攻めてもよいはずである。

　独創的な接近方法で新しい研究領域を切り拓いた功績は大きい（しんどかったであろう）。本書を手に取り、学ぶべき点と議論すべき点は多い。期待を込めてあえてコメントしたところ大だが、著者の努力の結晶である内容は、ぜひとも読むべき価値がある。

―――― 日本労働社会学会年報第32号〔2021年〕―

小川慎一著

『日本的経営としての小集団活動
――QCサークルの形成・普及・変容――』

（学文社、2020年、A5判、256頁、定価4,000円＋税）

京谷　栄二

（長野大学名誉教授）

　本書は小集団活動、著者の定義によれば「定常的業務の直接的、間接的改善を目的とする、少人数のグループによる問題解決活動」（33頁）の歴史と変遷、活動の運営と普及の体制、そして活動に対する労働者の意識を分析した体系的な研究である。研究の方法は、品質管理とQCサークル・小集団活動の展開に関する日本科学技術連盟（日科技連）発行の「品質管理」誌、「現場とQC」誌などの文献、東京芝浦電気の府中工場と柳町工場の事例研究、両工場の品質管理や小集団活動の関係者への聞き取り、および地区でQCサークル活動の運営を担当する幹事への聞き取りなどによる。なお本研究が依拠する理論は新制度派の中心概念である「制度的同型性」である（22-24頁）。

　以下に本書の概要を述べる。

　戦後から日本の企業における品質管理活動の普及に尽力した日科技連は、1962年以降TQC（全社的品質管理）の一環としてQCサークルと小集団活動の展開を促進した。しかし著者によれば「1960年代前半までの改善提案は、計画と実行の分離を前提とした改善活動に留まっていた。」東芝府中工場の事例では、一般技能者に期待されていたことは、「図面や作業標準どおりに作業をおこなうこと」であり、「改善を主導していたのは監督者である工長であり、改善方法を考案していたのは課長助手であった。」（98-99頁）

　その後の1960年代後半に小集団活動の普及が進んだのだが、著者は普及の要因として先行研究が指摘する戦後の工職身分較差の撤廃や日本の職場における曖昧な職務境界のみならず、QC7つ道具などの活用にみられるように、「カンやコツに基づく推論を簡便な手法によって『見える化』することによって、統計的品

質管理の意義が現場にも理解されるようになった」点を挙げる（201頁）。

　このように活動の普及が進む中で小集団活動による現場労働者の作業改善活動への参画が促される。「仕事を一番知っているのは、作業者自身である。仕事の重要性や価値を考えさせるためにも、常に作業を反省させ、改善点の発見と、その改善方法の提案と、標準化に対して、ZDグループ〔Zero Defect 無欠点活動：評者〕の創意と知恵を発揮させる。」（東芝府中工場　101頁）現場労働者の主体性を生かした改善活動のテーマは、1970年から98年の期間の東芝柳町工場の事例でみると、不良低減34.7％、工数低減23.2％、生産性向上11.5％、技能教育6.7％、コスト削減4.7％、標準化4.0％、省エネ・省資源2.4％、安全衛生1.4％などである（132頁）。

　小集団活動の実態は、現場労働者の次元における作業の計画と実行の統合と理解することができる。しかしこの統合について著者は以下の2点を注意する。第一に活動の展開のなかで実現された計画と実行の統合は、既述の導入初期における両者の分離を前提としている点。第二に、この活動は管理者の主導の下に行われていた点。「ZDグループ活動の問題設定の大枠を示すのは『管理者』の役割であり、ZDグループのメンバーである一般技能者は『管理者』の示した範囲内で、問題発見や問題解決の目標設定をおこなうよう、品質管理部門は定めていた。一般技能者による『自主性』に全面的に委ねる活動ではなく、『管理者』の示した上位方針に基づく活動が、品質管理部門によって指導されていた。」（101頁）すなわち現場労働者の次元における計画と実行の統合は管理者と彼らとの間でのその分離を前提としていた。また小集団活動において技能労働者は簡便な統計手法を活用するが、それは技術者が「一般技能者にデータの計測と分析を促し」、「それによって技術者の領域であった業務や知識に対し、一般技能者が信頼を置くようになったからこそ」である（203頁）。統計的手法の活用もまた技術者と現場労働者との間の計画と実行の分離を前提としている。したがって著者は小集団活動における計画と実行の統合はその分離を前提としていると結論する。「小集団活動が計画と実行の統合の具現化であるゆえんは、一般技能者が業務改善を目的とした問題解決活動を実施している点にある。とはいえ、いま見たように計画と実行の分離を前提として、計画と実行の統合が成り立っているといえる。日本の

小集団活動は、部分的な分離を伴う計画と実行の統合として特徴づけることが、適切である。」（同頁）

　それではこのような小集団活動を職場の労働者はどのように受け止めたのであろうか。著者は厚生労働省の1984年と94年の「労使コミュニケーション調査」に基づき労働者の意識を分析している。その調査では、活動の肯定的側面として以下の項目が取り上げられる。「職場の雰囲気を明るくする」（回答率1984年47.9％、94年39.2％）「日常の具体的業務がやりやすくなる」（同42.8％、49.5％）「自分の能力を向上させる」（同38.3％、33.8％）「働きがいを高める」（同30.4％、20.3％）。他方否定的側面は「自主的な活動というより、強制的で気が重い」（同23.4％、28.9％）「活動が残業時間外である、又は就業時間外に及ぶため負担を感じる」（同14.8％、16.3％）「活動成果に対する報酬等が十分でない」（同10.2％、16.3％）「せっかく提案してもなかなかとりあげられない」（同7.1％、10.3％）である（115頁、117頁）。著者はこの結果から「おおむね肯定的評価が上回っている」、「小集団活動は否定的評価を含みながらも、労働者から意義のある活動として受け入れられてきたといえよう」と結論する（116頁）。

　現場労働者の主体性を生かし、部分的とはいえ計画と実行を統合する小集団活動の特徴が肯定的評価の原因だと考えうるが、しかし1980年代後半以降、とくに90年代に入り小集団活動の在り方は大きく変容する。「東芝では全社運動として『TP（Total Productivity）運動』が、1986年から89年まで展開された。この運動において小集団活動は、経営者や管理職の指導やその設定した目標に従って実施されるものとして、位置づけられた。」（147頁）この方針の下で変容する小集団活動について、管理者への聞き取りから著者は次のように述べる。「柳町工場の小集団活動であるW［ワイド：評者］ZD活動が、1990年代に入り経営方針との連携をさらに深める一方で、一般技能が自ら問題を発見し、解決できる余地は小さくなっていたという。たとえば、技術者からの強力な指導・援助によって、各サークルの活動が運営されることが多くなった。WZD成果発表会の出場サークルの成果が、実質的には製造技術スタッフによって作成されることもあった。」（同頁）さらに東芝では1999年に小集団活動は廃止され、それに代わり「全社員を巻き込んだ経営改革運動（「MI2001運動」）が開始」され、「その運動の一環と

してアメリカで考案された改善活動のシックスシグマ（Six Sigma）」が展開されている（109頁）。シックスシグマは、現場レベルでのテーマや目標の設定ではなく、経営戦略に基づいて設定されたテーマや目標が、職制機構を通してトップダウンで現場に下ろされ、従来の小集団活動よりも金銭的な効果が重視されている（154-155頁）。

　著者の研究に学べば、1990年代以降小集団活動は企業の経営管理機構によって直接統轄される活動へと変容し、労働者が主体性を発揮する余地は縮小し、現場の作業における計画と実行の分離が進んでいる。そうであるならば、この変容は労働者の小集団活動に対する意識を大きく変化させているはずであり、既述の「おおむね肯定的評価」、「意義のある活動として受け入れられてきたといえよう」という判断は修正される必要がある。著者が引用する「QCサークル」誌の記事においても、小集団活動が職制主導となり、自発的な活動という感覚が薄れ、自由に意見を言い合い問題解決することで達成感を感じる、小集団活動の本来の特徴と魅力が弱まっていると指摘されている（169頁）。しかし著者はこの転換に対応する労働者意識の変化を分析していない。これを追究するためには、既述の「労使コミュニケーション調査」の活用とは異なる調査方法が必要である。例えば日科技連や調査対象企業の品質管理、小集団活動に関する資料に垣間見られる労働者の反応や意識を収集し分析したり、願わくば現場で小集団活動に従事した労働者への聞き取り調査の実施が望まれる。

　最後に H. Braverman, *Labor and Monopoly Capital,* 1974（邦訳『労働と独占資本』1978年）以降の労働過程論争の視点から私見を述べる。ブレイヴァマンは、現代の資本主義的生産様式の下での労働過程においては労働における構想（conception）と執行（execution）の分離が全面的に展開される結果、「労働の衰退」（degradation of labor）が極限まで達すると論じた。現実の労働過程を編成する労働者の意識や運動という主体性の契機を捨象したこの強固な客観主義に対して、ブレイヴァマン批判の旗手であったM. ブラウォイは、現代資本主義の労働過程において、労働者は一方的、強制的に管理されているのではなく、経営による管理に労働者が同意を付与する仕組みが存在することを解明した。ブラウォイが参与観察を行った農業機械メーカーの職場では、労働者が自分の都合にあわせ

て労働の遂行を調整する make out（うまくやる）と呼ばれる行為――例えば翌日のために出来高以上に製品を作って積み立てておくなど――が横行していた。すなわち日々の労働過程において make out を通して自らの主体性を発揮する余地が担保されているからこそ労働者は経営の管理に同意を形成する（Burawoy 1979）。評者はこのブラウォイの同意形成論を指針として日本の労働過程を分析し、小集団活動において主体性を発揮する余地が担保されていることが、「長時間・高密度」な過酷な労働をもたらす経営の管理であるにもかかわらず、労働者はその管理に同意を付与し、過酷な労働を受容するという構造を解明した（京谷 1993）。

　しかしながら、著者の研究が明らかにしたように、1990年代から2000年代にかけて、小集団活動における現場労働者の主体性を発揮する機会は縮小され経営の管理機構による直接的な統轄が強化され、労働における構想と執行（もしくは計画と実行）の分離が進んでいるならば、小集団活動はもはや同意形成の仕組みとしては機能不全に陥っている。この転換を前提とするならば、既に指摘したように、経営管理機構にほぼ全面的に組み込まれた小集団活動に対して労働者はどのような意識をもっているのかが究明されるべき重要な課題である。この脈絡を敷衍すれば、グローバル化が進み、非正規雇用の拡大により労働者の編成が多様化した2000年以降の日本企業の労働過程における経営の管理機構はどのように特徴づけ規定することができるのか、そして経営の管理に対する労働者の同意形成の要因と仕組みはいかなるものであるのか、あるいは労働者の不同意や異議申し立てはどのように現れているのか、今日の日本企業の労働過程を分析する上でのいっそう重大な課題に行きつく。

　なお本書においては労働組合に関する言及がほとんどない。産業別では電機連合（旧電機労連）の資料、企業別では調査対象の東芝府中と柳町工場における労使交渉や労使協議の資料分析をとおして、労働組合が品質管理や小集団活動についてどのような規制や関与を行ったのか、あるいは行わなかったのかを検証する必要がある。

〔文献〕

Burawoy, M.（1979）*Manufacturing Consent: Changes in the Labor Process under Monopoly Capitalism.* Chicago: University of Chicago Press.

京谷栄二（1993）『フレキシビリティとはなにか―現代日本の労働過程』窓社。

―――― 日本労働社会学会年報第32号〔2021年〕―

片渕卓志著
『トヨタ品質管理のメカニズム』
（阪南大学叢書113）
（晃洋書房、2019年、A5判、218頁、定価3,500円＋税）

近間　由幸
（鹿児島県立短期大学）

1. はじめに──著者の問題意識と本書の構成

　2009年から2010年代にかけてのトヨタ自動車プリウスなどの大規模リコールや、2017年のJR西日本の新幹線台車亀裂事故など、近年、日本製品の品質問題が目立って報道されるようになってきている。一方では、製品の最終的な品質を保証するはずの検査における不正、データ改ざんなどの事例も多発しており、これらの問題と相まって日本製品の国際的な市場評価が下がっている。

　しかし、歴史を少し遡れば、かつての日本企業は欧米の先進メーカーを目標として品質向上に努力してきた結果として、世界に誇れる水準の高品質な製品を提供してきた。その背景に、QCサークルなどの小集団活動を通じた現場の努力があったことは、日本の国際競争力の源泉を探る研究において広く知られてきた事実である。本書は、この国際競争力の源泉となってきた日本企業の全社的な品質管理活動（TQC）を、その導入期に焦点を当てて分析を試みている。分析に用いた資料は、1960年代におけるトヨタの品質管理活動の実態を示した社内資料が中心となっているが、著者によれば品質管理における肝心の部分は、現在までに組織の名称に多少の変化はあるものの当時の資料が示すままであった。このことは、著者が2000年代の初めに行ったトヨタの従業員へのインタビューによっても裏付けられている。それゆえ、工場の品質上の課題は時代とともに変化してはいるものの、その管理の基盤となる部分は変わっておらず、トヨタの品質管理の機構に改めて着目する必要性を指摘している。

　本書の構成は以下である。

　「はしがき」でも述べられているが、本書の第1章〜第4章については、メインテーマの前段に位置する。これらの章では、先行研究の整理や戦後日本の品質管理活動史など、本書の分析の焦点である1960年代当時の時代背景を理解するための内容が含まれている。そして、本書がメインとしているのは第5章および第6章の部分である。これらの章では、トヨタの事例を取り上げ、トヨタの品質管理に関わる経営管理機構と職務体系、および製造現場における一連の品質管理活動を考察している。

　以下の内容紹介では、著者の問題意識に即した形で各章の概要について整理する。

2．各章の概要

　まず第1章では、「1．」でも述べた日本製品の品質問題が問われる状況を踏まえ、研究課題の所在、先行研究のサーベイ、および研究に用いた資料と本書の構成がまとめられている。日本企業の品質マネジメントの有り様については、その成立・変容から、①先進的企業においてTQCが確立する1960年代までの導入期、②TQCが全国的に普及し日本製品の品質の改善が進み、製品評価が高まる1980年代までの発展期、そして③リコールの増加が顕著になり、次第に日本製品の品質に疑問が提起される1990年代以降の動揺期の3つに時期区分ができる。本書は、日本製品の品質競争力の源泉をたどる目的から、第1の導入期に焦点をあててい

る。

　一方で、本書ではトヨタ自動車を具体的事例として考察しているものの、それのみならずトヨタに影響を与えた、トヨタに先行する各企業の品質管理活動を取り上げている。品質管理活動はそれのみで分析するのでは不十分であり、競合他社の企業活動、市場の条件によっても規定される。これらの分析に焦点を当てた内容が本書の第2章から第4章部分にあたる。

　続く第2章では、日本における大量生産方式の成立史研究を取り上げ、トヨタにおける品質管理の展開の前提となる議論を整理している。本章では、最近の経営史研究の成果も含めた丁寧な先行研究の整理から、日本の自動車工業においては乗用車専門工場が建設された時期と重なる高度成長前期（1950年後半から60年代前半）が量産化成立期であることが指摘されている。著者によれば、「量産」とは、市場規模の変化に伴う生産量の急増を示す相対的な表現であり、この生産量の急増は、工場管理方式や管理組織を生産量に見合ったものへ抜本的に変更するという質的転換を伴っているとされる。この点からも、本書が分析の主眼に置いている1960年代という時期設定の重要性が強調されていると評者は理解した。

　第3章では、大量生産の成立のなかで日本企業の経営課題となる、品質管理の日本への導入過程を取り上げている。トヨタにおける品質管理方式の導入は1960年代に入ってからであるが、それ以前の日本企業における取り組みが1つの社会的経験となり、いわゆるトヨタシステムに取り入れられていった。大まかな流れとしては、統計的品質管理（SQC）からTQC、QCサークルへの変化として描かれ、アメリカ流のスタッフ部門による品質管理（＝「構想と実行の分離」）ではなく、「ライン・スタッフ組織を基礎にしたスタッフ部門とライン部門による品質管理過程」として日本独自の発展を遂げてきた過程として見ることができる。

　第4章では、品質課題の変化をもたらした戦後の自動車工場の変化を明らかにするため、1950年代までの工場と70年代以降の工場の違いについて考察している。生産工程別配置人員の量的な変化を追いながら、大量生産工場の建設に伴い労働者構成に変化が見られること、そして検査業務体制の変化が見られることが指摘されている。

　以上が本書の前段にあたる内容であり、第5章以降がトヨタの事例的実証的部分となっている。1960年代当時のトヨタ本社工場におけるライン・スタッフ組織を見た場合、ライン部門に相当するのは製造各課の作業係と検査係であり、スタッフ部門に相当する技術員室と工務部となっている。また、ライン部門となる作業係と検査係は、工長（係長）、組長、班長、一般作業員（臨時工を含む）で構成されている。以下の概要は、このような生産管理体制があることを念頭に読んでいただきたい。

　第5章では、1960年代はじめの日本の自動車産業の生産管理体制を明らかにするため、トヨタ自動車を事例に取り上げ、品質管理・検査関連業務についての本社スタッフ部門から工場の直接作業者までの業務分担関係を分析している。本章の分析にあたっては、トヨタがデミング賞実施賞を受審するにあたって1965年に作成した『品質管理実情説明書』を資料として用いている。デミング賞実施賞とは、日本科学技術連盟が創設している賞の1つで、『全社的品質管理』を実施して顕著な業績の向上が認められる企業または事業部に対し授与されるものである。日本科学技術連盟は、1965年トヨタにこの賞を授与している。

　本章ではまず、本社、工場、製造現場における品質管理・検査関連業務に関わる部署とその業務分担関係について次のように整理している。本社にはスタッフ部門にあたる品質保証部が設置されており、検査員からの不良・検査情報の処理にあたっていたが、この時期は工場の生産能力が急激に増大し、大量の若年労働者が製造現場に流入していたことで製造部が急激に膨張していた。このため、品質保証部が工場長を通じて製造現場の品質問題に対処することが困難になり、各製造部内の技術員室を通じて迅速に処理する必要があったために、検査係を工場へ移管している。

　一方で、製造現場における品質管理・検査関連業務について、製造現場のライン担当者である作業係と検査係の検査関連業務における業務分担を見ていくと、日常的な不良情報、検査情報を作成するのは検査係の業務であり、作業係の検査業務は不良率が低く不良の発見も容易なものに限定されていた。また、異常の要因解析や対策の実施は技術員や工長・組長の職務権限であって、班長・作業員は対処を行う権限は持っていなかったことが明らかにされている。

　第6章では、製造現場における品質管理の実態に焦点を当て、品質管理業務に対してライン部門とスタッフ部門がどのように関与しているのかという業務分担関係を明らかにしている。本章の前半では、『1965年度デミング賞実施賞受賞者報告講演要旨』の中で取り上げられている本社工場と元町工場における品質管理の組織と実態について取り上げている。製造現場での品質管理の実施にあたり、主導的な役割を果たしているのは、スタッフ部門に相当する技術員室である。技術員室は工程計画を立て、「QC工程表」を作成し、現場へのQC教育を担っている。

　技術員室は製造現場での品質管理の指導と支援を担っていたが、一方で、本章の後半では、1960年代のQCサークルの事例を検討し、ライン部門が品質管理、工程管理などのスタッフ業務に関与していく具体的なプロセスを明らかにしている。サークル活動における当時のテーマは「不良対策」や「精度の向上」対策というような「品質改善」に分類されるテーマが中心となっており、対策という点では、その多くが作業標準の改訂を伴う内容となっていた。帳票化された標準の1つである「QC工程表」は技術員室で作成されるが、管理水準の向上への関与にあたっては製造現場のライン部門が関与している。具体的には、技術スタッフが決定している製品の品質を作り出す最低限の水準である「企画製造基準」を上回る水準として設定される「管理基準」への関与である。この「管理基準」に基づく作業標準の改訂には、現場監督者としての工長の果たした役割が極めて大きかったことが指摘されている。

　終章では、前章までの考察を踏まえ、日本企業の品質管理・品質マネジメント能力と経営管理の基盤となった組織、業務分掌、職務権限の特徴をトヨタの事例に即してまとめている。これらの考察を踏まえて、従来日本企業の競争力の源泉として指摘されてきたトヨタ生産方式のみならず、本書が明らかにした品質管理方式がもう1つの国際競争力の源泉であったと結論付けている。

3．おわりに──若干のコメント

　日本における製造企業の現場労働者は、単に加工や組付けの作業に従事するだけでなく、作業の改善、能率の向上、コストの低減、品質の改善などの、生産工

程における種々の「改善」活動に参加する。「QCサークル」活動と呼ばれるこの職場小集団活動は、1980年代に海外でも関心が高まり、数多くの研究が生み出されてきた。しかし、これらの研究の多くは80年代以降のQCサークルの性格や機能の分析を中心としており、その発生過程を歴史的に考察したものは多くない。それゆえ、本書の意義は第1に、従来の先行研究が十分に明らかにしてこなかった日本企業の品質管理活動の形成過程についてトヨタの事例に即して明らかにした点が挙げられる。

また、先行研究において広く支持されている、「構想と実行の非分離（あるいは部分統合）」というQCサークル活動への評価は部分統合の範囲と程度の問題を十分に明らかにしていなかった。本書の意義は第2に、この点を第5章および第6章の分析から明らかにしている点にあると言えよう。特に強調すべき点は、1960年代の製造現場における品質管理活動では、技術員室や工長の果たす役割が大きく、必ずしも先行研究が指摘してきたような自律的自主的活動であったとは言えないということである。

なぜQCサークルが日本企業において発生し、一定の定着を見たのかという疑問に対して、本書は量産体制の早急な確立と品質性能の抜本的向上とが同時並行で進められる必要のあった1960年代前半の時期という時代背景が関係している点を指摘する。製造現場から「構想」部分を完全に排除することは市場の求める製品を提供する上で得策ではなかったという経営上の判断があり、その実態に即して品質管理体制を構築してきたことがQCサークルの形成要因であったと考えることができる。先行研究では、ジャスト・イン・タイムの工程管理方式が改善活動の動力であるかのように捉える研究や、本社中央から相対的に独立した職場組織による自主的・自然発生的な活動として捉える研究が存在するが、これらの研究とは異なる経営管理の視点からの分析こそ本書の優れた点ではなかろうか。

以上の意義を持つ本書の研究は、経営史研究と労働史研究を架橋する重要な研究であると言えるだろう。

―― 日本労働社会学会年報第32号〔2021年〕――

中川直毅著
『要説キャリアとワークルール』
（三恵社、2019年、A5判、169頁、定価1,650円＋税）

今野　晴貴
（NPO法人POSSE）

１．本書の概要

　本書は、学生及び社会人を対象としたキャリア論に関する概説書である。キャリア論に関する視角は多様であるため、著者の背景を確認しておくことは重要であろう。共著者のうち、中川直毅氏は「東証上場の名門総合メーカーや製薬会社、電機部品会社などの人事部長、人事総務部長などを経て」大学の教壇に立っており、田畑啓史氏は「大学在学中に社会保険労務士資格を取得し、卒業後都内大手総合会計事務所に入所。会計業務を経て、社会保険事業部の責任者を務める。その後独立開業、TRAD社会保険労務士法人代表、田畑人間科学研究所所長として現在に至」っている。以上の著者略歴から、本書は社会保険労務士資格を有する企業実務経験者の視点から描かれていることが推察できる。

　本書は12回の講義形式として構成されており、第1章キャリア編（1〜6講）、第2章ワークルール編（7〜11講）、第3章働くためのスキル編（12講）からなる。第1講「キャリアを考える」では、「キャリア」の語源や概念に加え、「キャリアデザイン」の概念やその周辺諸概念にまで解説を広げている。一般の読者にとっては業界分析や資格取得に関心が向きがちな「キャリア」について、あえて技術的な解説よりも概念に関する導入部を手厚くすることで、その射程の広がりを示しているものといえよう。続く第2講においても、「人は何のために働くのか」、「働き方の変遷」、「人間力とは」のテーマを設け、仕事の変化や要求される「人間力」について1講を割いて詳述している。

　第3講「雇用の動向を知る」は、著者（中川氏）の企業経験からの知見が述べられているとみられる箇所である。労働者はキャリアの過程で「より創造的にな

る人」と「停滞してしまう人」にわかれ、格差が大きくなることが指摘される。さらに、（企業にとって）「優秀」と考えられる社員の条件として①自立的人材を目指している、②仕事は主体的にスピードを以って行っている、③期待値以上の成果を出している、④自己の成長を実感しているの各項目が整理されると同時に、紙幅を割いてその具体的内容を解説している。特に、②においては「成果を以って働いており、<u>時間で働いている者などは論外である</u>」と強い言葉が投げかけられている（下線：引用者）。

　第4講「会社とNPO法人で仕事をする」においては、組織の成り立ちについて概説しているが、会社組織に対しNPOを併置している点や「企業の社会的責任」に紙幅を割いている点は特徴的である。第5講「働く世界を知る」においては「産業の分類」「国家資格と働き方」の項目が設けられ、一般的なキャリア形成に必要な知識が網羅される。第6講では「中高年齢者のキャリア」に絞り一講を割いている。

　次に、第2章のワークルール編については、そもそもキャリア論のテキストにおいて、労働法に関する解説が全体の3分の1程度を占めていることが大変特徴的である。その意義は著者によって次のように強調されている。

　　　「学生の皆さんにとっても、また社会で働いている皆さんにとっても、自己のキャリアを考えていくことは、人生をより豊かにしていく上でたいへん重要なことです。そして、働く上でのワークルール、<u>労働法の基礎知識を学んでおくことも、自己が法的に守られるためにもとても大切なことです</u>。したがって、キャリアもワークルールも、社会において仕事をしていく上で、常に考え、知っておくべきことであり、皆さんのキャリア形成における、鉾と盾＝攻めと守りの両輪を成していると思います。本書では、この点を意識して重点的に解説しています」（下線：引用者）

　実際に、およそ50頁という限られた紙幅の中で第7講「労働法の概念と労働契約・就業規則」、第8講「賃金の法律知識」、第9講「労働時間・安全衛生」、第10講「ブラック企業に近づかないために」、第11講「労働組合法」と労働法・労

働問題を網羅的に扱う内容となっている。

　最後に、第3章「働くためのスキル編」（第12講）では、問題解決の思考法について概説している。

2．コメント

　本書の重要な特徴は、企業経験者によるキャリア論において労働法が手厚く取り上げられた点にある。キャリア論においては、企業社会への適応の側面が強調されてきた経緯に鑑みると、本書のように「鉾と盾＝攻めと守りの両輪」との認識のもとに労働法について相当の紙幅を割いたことは意義深いといえる。

　ただし、労働法の「取り上げられ方」にはいくつかの問題がみられる。重要と思われる三点を指摘しておきたい。第一に、労働法の定義や社会科学的な概念規定、意義、歴史などについてほとんど説明されていない。唯一、第11講「労働組合法」において「労働基準法や労働契約法では、労働者と使用者（経営者）は対等であるとしていますが、実態としては、経営組織に対して一人ひとりの労働者の力は極めて弱いので、労働者が団結して対応していけるようにするものです」（129頁）と触れられているだけである。第1章におけるキャリア概念に対する手厚い説明とはあまりにも対照的である。労働法においては、非対称な労使の力関係を是正するために、市民法を修正し労働者に特別の権利を付与している。労働者が自らの契約上の権利の行使においてさえ脆弱な立場に置かれているという事実認識は、労働法学の出発点であり、その入門書においては通常の法律以上にこの趣旨の解説が重要であると考えられる[1]。

　第二に、説明が概説的すぎるため、重要な原則論への解説が不足しており初学者が労働法の原則と実践的内容を十分理解することは困難であると思われる。特に大学生にとって労使紛争は身近な事柄ではなく、どのような場合にどのような労使紛争が生じ労働法がこれにいかに関係するのかを解説しなければ、制度の意味内容を理解することは難しい。そのため、多くの労働法の入門書は導入に事例を挿入するなどして工夫をしている[2]。しかし本書では、例えば、もっとも労使紛争となりやすい賃金についての解説をとっても、原則的規制の本質的重要性について何等の説明もないまま、重要性の低い例外の説明に立ち入っている。賃金

支払いの五原則について「賃金は、原則として、通貨で、全額を、直接労働者に、毎月1回以上、一定の支払日を決めて支払わなければならない」(100頁) と述べるにとどまり、すぐに例外規定に移り、「賃金の差し押さえ」など特殊な項目にはるかに多くの紙幅を割いている。これは第一の点とも関係するが、賃金支払いの原則がなぜ重要であるのかを説明しないまま細則に踏み込むのであれば、読者は労働法の意義や構成を論理的に理解できないだろう。全体的に、限られた紙幅の中で法令を網羅するところに重点が置かれ、重要なポイントが理解しにくくなっている印象を受ける。

　第三に、実践的な内容に乏しく、キャリア論との関係も明確ではない。例えば、先ほども取り上げた賃金に関しては、これに関係する労働問題のほとんどは賃金支払い五原則に直接違反して発生しており、これは離職(キャリアの中断)の重要な原因となっていることが知られているにもかかわらず、こうした点には触れられていない。賃金不払いに対する権利行使の方法を実践的に教育することは、本書が冒頭で強調する「盾＝守り」に直結するはずではないだろうか。また、キャリア形成と直接関係する採用に関する項目は特に本書の主題からして、前半部との関係を強調して論じられるべきであったと思われるが、これに関連する記述は見られない。採用問題は、近年、募集時に提示された労働条件と実態が異なる「求人詐欺」あるいは「ブラック求人」と呼ばれる問題が拡大しており、「若者雇用促進法(青少年の雇用の促進等に関する法律)」や「職業安定法」の法改正がなされるなど、社会的・政治的にも大きな関心を集めている[3]。採用トラブルに際しても、労働法に基づく権利行使がキャリアの防衛にとって非常に重要になる。このような問題こそ、キャリア論とワークルールをつなぐ本書においてもっとも紙幅を割くべき事柄であったように思われる。さらに、学生に身近な「ブラックバイト」について記述があるものの、法令違反が指摘されているにもかかわらず「一刻も早く辞めるべき」と述べるのみであり、最後まで労働者の権利行使についての記述は見られなかった。

　最後に、本書からは、「キャリア教育」と「ワークルール(労働法)教育」を連続的に考察することの困難と可能性について示唆を得ることができる。そもそも、「キャリア教育」の中に労働法教育を位置付けることについては、従来から困難が

指摘されてきた。特に学校における「労働教育」の実践においては、経営者側の立場と労働者側の立場のどちらに立つのかが常に問題とされてきた。労働法の教育は労使どちらの側の立場に立つのかによって大きく扱いが異なってしまうのである[4]。そうした中で、ある県の社会保険労務士会では、学校への出前授業において、労働契約上の労働者側の義務が権利に優先するかのような内容を教えている[5]。市民法上は労使の権利義務は等価（原則的に対等・平等な契約主体）であり、労働法はこれを労働契約の実質性の観点から修正し労働者に特別な権利を与えている。したがって、上のような教育内容は労働法どころか、市民法の趣旨から見ても根本的に誤っている。経営側に寄り添うあまり、法学体系における本質的原則すら逸脱した「授業」が、公的な教育の場で公然と行われているのである。本書においても、「時間で働いている者などは論外である」という著者のキャリア論上の見解が労働法の原則と矛盾してしまい、労働法の基礎的かつ原則的理解に対し、立論上の困難を抱えていたのかもしれない。このように、本書からもキャリア教育と労働法の理解を整合させることの困難が浮き彫りになっている。

　とはいえ、本書第2章においては「ブラック企業」など労働問題についても厚く紙幅を割いており、これを媒介にキャリア論とワークルールを結合することが可能である点も示唆されている。本書は「ブラック企業は、なぜブラックを続けていくのでしょうか。これらの企業では、離職率を敢えて高めることで、労働力の新陳代謝を図り賃金の上昇や社会保険負担を削減し、人件費の抑制を図ると共に、労働力のフレキシブルな利用を追求しているからです。ブラック企業の仕事は、概して長期的な技能形成を必要としない単純労働が主であり、そのために離職率が高まっても、企業にとっては問題とならないのです」（122-123頁）と分析している。この記述にはキャリア形成の観点からも、労働法上の賃金請求の権利が必然化する論理が内在している。労働問題の分析から労使の利害対立が発生する客観的な要因が整理され、権利行使の必要が認識されるならば、それは労働法の原則とキャリア論をつなぐ新しい方向性を導き出す糸口になるだろう。

〔注〕
1　例えば、水町勇一郎（2019）『労働法入門　新版』岩波新書では、労働法の背景と誕生に

加え、法体系における位置づけを冒頭の2章で詳論している。

2　例えば、河合塁・奥貫妃文編（2021）『リアル労働法』法律文化社では、各章の冒頭に対話文形式の導入を置いている。

3　詳細は今野晴貴（2016）『求人詐欺　内定後の落とし穴』幻冬舎、上西充子（2018）「職業安定法改正による求人トラブル対策と今後の課題 法改正に至る経緯を踏まえて」『季刊労働者の権利』(324)。

4　この点については水野勝康（2015）「実務家による労働教育の現状と課題」『社会政策』第7巻第2号参照。

5　庄司逸雄（2014）「神奈川会における社労士による出前授業　社労士による学校教育10年の足取りと今後の課題」『月間社労士』2014年7月号。及び『神奈川県社会保険労務士会会報』第369号参照。神奈川県社会保険労務士会の学校への「出前授業」は「神奈川方式」と呼ばれ全国的にも注目を集めている。しかし、そのテーマ設定は「第1に義務、次に権利」であり、法律の理解に根本的な問題を抱えている。日本の労働法は非対称な労使関係において労働者の「権利」が侵されてしまう傾向にあることを前提に、特別の権利を労働者に付与しているのであって、労働者側の「義務」が「第1」にはならない。残念ながら、「出前授業」のテーマそのものが法律の趣旨に反していると言わざるを得ない。

松尾孝一著
『ホワイトカラー労働組合主義の日英比較
——公共部門を中心に——』(青山学院大学経済研究所研究叢書10)

（御茶の水書房、2020年、A5判、290頁、定価7,800円＋税）

白井　邦彦
（青山学院大学経済学部）

1．本書の構成と内容

　本書は、日英のホワイトカラーの労働組合運動の理論と実践を時間軸に沿って比較検討することにより、日英のホワイトカラー労働組合主義（筆者は「労働組合主義」という言葉を「労働組合運動の組織や運動の在り方」という意味で使用している）について考察しようとした大著である。まず本書の構成と内容を最初に紹介しよう。

　本書の目次は以下の次第である。

　1章では、ホワイトカラーの概念規定・ホワイトカラーとホワイトカラー労働組合の類型化を行うとともに、ホワイトカラー労働組合主義のイギリスの研究史を概観し、日本の研究にも言及している。第2章では、70年代になされたイギリスのホワイトカラーの組合意識調査、管理職組合としてSIMA、ホワイトカラー一般組合としてASTMS、専門職組合としてAUEW-TASSのこの時期の組織と実践の事例研究を通じて、第二次大戦後から70年代までのイギリスのホワイトカラー労働組合主義の考察がなされている。第3章では、80年代以降のイギリス公務部門を対象に、この時期のサッチャー政権の行政改革による人事管理変化とそれへのホワイトカラー組合の対応についての分析が行われている。第4章では、ブレア政権期におけるイギリスの労使関係の変化をみたうえで、公共部門の組織化戦略の特質と問題点が、公共部門のホワイトカラー組合UNISON（1993年にNALGO・NUPE・COHSEの合併により発足）の組織化戦略を対象に考察されている。第5章では、筆者が2008年にUNISONの4つの支部を対象に行ったアンケート調査などをもとに、2000年代の職場パートナーシップ路線といわれる協調的職場労使関係におけるUNISONの職場組合組織の構造などの分析がなされ、それをもとにその意義と限界の検討がされている。第6章では、筆者が2005年にFDA本部で行ったインタビューや受領した資料、07〜08年にイギリス滞在時に受領した資料などに基づきイギリス中央政府の管理職組合FDAの組織と活動が検討され、あわせて日本の中央政府管理職組合である国土交通省管理職ユニオン（1998年設立、設立時の名称は建設省管理職ユニオン）の事例が紹介されている。なおこ

の章では補論としてイギリスの公務員の人事制度の概要の説明もされている。

　7章以下は第二部で、日本の政令指定都市A市のホワイトカラー職員の労働組合であるA市職員労働組合の事例が紹介されている。7章はその概論的な位置であり、8章では戦後から高度経済成長期までの、9章ではそれ以降最近までのA市職員労働組合の運動の事例と分析が行われている。

　以上の分析をもとに最後に結語において、まず全体の分析結果が1、70年代半ばまではイギリスのホワイトカラー労働組合運動はホワイトカラーの中間層として階層的利益を擁護することを目的とした階層的運動であるのに対し、日本のホワイトカラー組合の運動は中下層ホワイトカラー（公務員についてはノンキャリア公務員）の身分上向運動であった。そのためホワイトカラー労使関係において特質をなす労使関係上の対応の個別性・多様性に十分に対処しきれない、という弱点をもっていた。2、1980年代以降日英とも組合は労使協議や「発言」志向を強めていった。イギリスでは、大産別化・一般組合化の流れとともに、サービスモデル・全国レベルでのホワイトカラー専従役員・職員のヘゲモニー強化が図られたが、それらは職場のホワイトカラーのニーズに十分応えるものとはいえない。また職場レベルにおいても、職場組合組織が職制ルートと未分化な構造がみてとれ、それゆえその構造のもとで「発言」がなされているとしても、職制ルートの下にあるホワイトカラーにとっては、発言・協議路線は組合独自の存在意義を高めるものとはみなしえない。つまり「全国レベルでの大衆動員的・サービスモデル的運動と職場レベルでの組合抜きの直接的労使コミュニケーションの浸透により、ホワイトカラーの組合運動は……浸食されている（p.247（ページ数は本書のページ数、以下同））ともいえる。3、日本においても低成長期にはいって組合は協調的労使関係の下で政策的発言志向を強めていくが、それはかってのノンキャリアホワイトカラー層の地位上昇運動・階層的運動という面を希薄化させ、さらに「協調的労使関係の下でのこの政策発言志向は、当局の戦略によっては容易に破棄され、組合の影響力が排除されていく、という限界をもっていた」（p.247）といえる、とまとめられている。そしてそれらの分析結果・結論を踏まえ今後のホワイトカラーの労働組合運動が目指すべき方向課題として、「『層としてのホワイトカラー労働組合運動』という根本を押さえたうえで」（p.249）「階層

的運動のみならず、階級的運動としてもホワイトカラーの運動を確立していく」
（p.248）という点が指摘されている。

2．労働問題研究の王道での大著である本書にたいして「あえて指摘」する三点の疑問

　本書がホワイトカラーに焦点をあて労働問題研究の王道である労使関係・労働組合に関する実証研究を日英比較の観点から行った大著であり、今日の労働問題研究・労使関係研究においてきわめて大きな意義を有することは改めて指摘するまでもないほどである。読者は本書の実証研究の立体性とその緻密さに圧倒されるとともに、本書から戦後今日までの日英のホワイトカラー労働組合運動の現実に関して重要な点のかなりを学ぶことができる、といっても過言ではないであろう。

　このようにきわめて大きな意義を有する本書であるが、評者は「あえていえば」であるが本書に対して以下の3点の疑問をもった。ただ評者はイギリス労使関係・ホワイトカラーの労働組合運動研究の素人であり、関連があるとすれば、やはりホワイトカラー労働組合である大学教職員組合の連合体組織の東京私大教連の委員長である（21年6月現在）という実践面のみである。それゆえ以後の記述は素人ゆえの無知や読みの浅さや読み間違えに基づくものである可能性があることをその3点の疑問を指摘する前に最初にお断りしておく。

　疑問の第一点は本書の副題に「公共部門を中心として」として「公共部門」という用語を使っている点である。筆者によれば「本書では、公営企業等のいわゆる現業部門や第3セクター、公務関連企業等も含めたパブリックセクターとしての公共部門と区別する意味で、一般行政部門を中心とした非現業部門を公務部門と呼ぶ」（p.4、注4）とのことである。そうであれば、「ホワイトカラー労働組合主義の日英比較」という主題からすれば、「公務部門を中心として」とした方が整合的であったと思われる。なぜ題名においては「公務部門」ではなく「公共部門」という用語を使ったのであろうか？評者なりの答えとしては、第1部において重要な分析研究対象となっているUNISONが、NALGO（地方政府職員全国組合、自治体の事務職を組織対象）、COHSE（保健従業員連盟、NHS従業員を組織対象）とともに、NUPE（全国公務従業員組合、自治体の現業職を組織対象）と

の合併によって93年に発足したものであり、NUPEは発足の前90年では組織人数58万人弱、一方UNISON発足後の95年のUNISONの全組織者数が136万人弱（p.121、表4-2）であることから「自治体の現業職組合員がUNISONの中でかなりのプレゼンスを占めていたといえるので、厳密性の観点から「公務部門」ではなく「公共部門」という用語としたのではないか、というものである。しかし主題との整合性を考えれば「公務部門を中心として」とすべきだったと思われるどうであろうか？

　第2の疑問は、2章の戦後70年代までの時期のホワイトカラー労働組合運動の分析において、民間部門を中心として組織するASTMSなどの組合などを主たる考察対象とされている点である（その他SIMA、AUEW-TASSが分析対象とされている）。この点について筆者は「1970年代までのイギリス公共部門ではホイットレー体制に守られた比較的安定的な労使関係が続いてきたこともあり、ホワイトカラー労働組合主義の実践については民間部門を中心に先駆的な事例がみられ、先行研究もそこに集中しているという事情」（p.7）から、としている。確かにそうであろうが、3章以下では、NALGO、UNISON、FDA、A市職員労働組合等が主たる分析研究対象となっている点を考えれば、2章においてもNALGOなど公務部門の職員を中心に組織された組合を分析対象の中心にしたほうが整合的であったように思える。そして例えば2章p.77、注31の叙述からそうした分析も一定可能であったことが推測される。2章の分析から、イギリスのホワイトカラー労働組合運動が70年代までは、「中間層としての階層的利益の擁護を目的とした階層運動」（p.245）であったことが導きだされ、それはノンキャリアの身分上向運動としての性格を有した日本のホワイトカラー労働組合運動とは志向の向きが逆である反面、「自らの地位への強いこだわりをもった運動という意味では両国のホワイトカラー労働組合運動には共通性が見い出せる」（p.246）こと、しかしそうした性格の運動は限界を有し80年代以降運動の方向の転換を余儀なくされること、といった点が導き出されており、それゆえ本書のその後の分析論理展開において、2章の分析結果はきわめて重要な位置を占めている。それを考えると民間部門を中心として組織するASTMSなどの労働組合を主たる考察対象とするより、NALGOなど公務部門を中心として組織する組合を主たる考察対象とすべ

きではなかったか？と考えるがいかがであろうか。

　最後に第3の疑問点は、今後のホワイトカラー労働組合運動の目指すべき方向として「階層的運動のみならず階級的運動としてホワイトカラーの運動を確立していく必要」（p.248）を筆者は主張しておられる点である「階級的運動として確立された労働組合運動」とは具体的にはどのようなものか、という点とともに、そもそもホワイトカラー・ブルーカラー問わず労働組合運動を階級的運動とすることは妥当であろうか？との疑問をもつ。確かにホワイトカラーも労働者階級であるが、「階級的運動としての労働組合運動」という視点は組合運動の広がり・連帯・団結力の維持と組織の長期的存続、という点を考えたとき、果たして効果的であろうか？　労働組合は「労働者が主体となって自主的に労働条件の維持改善・その他経済的地位の向上を図ることを主たる目的とする組織」であり、あくまで「資本主義内で労働者の労働条件の維持改善などの経済的地位の向上」をめざす団体、端的にいえば「社会改良により労働者の経済的地位改善を図る」団体である。組合のそうした性格付け（ある意味限界）を考えれば、「階級的運動としての労働組合運動」という視点は労働組合の役割を超えるものであるし、組合内部の団結維持および他の社会・市民各層との連帯とその広がりの可能性を弱めてしまうのではないだろうか？　労働組合運動が「資本主義内での労働者の経済的地位の向上運動」「社会改良主義に基づく労働者の経済的地位の改善運動」であるということから逸脱せずあくまでもその原理に立脚して団結力と他の社会各層との連帯を追求すべき、そしてその原理から逸脱せずまたその原理に立脚することこそ（この原理から逸脱しないことだけでなく、この原理にしっかり立脚することが必要という点をも強く強調しておきたい）労働組合運動の発展の基本、と評者は考えるがいかがであろうか？

　もちろんここで指摘した3点の疑問は、きわめて意義の大きな本書について素人の立場から「あえて指摘」したものにすぎない。本書が労働問題研究の王道における大著であることは読者すべてが一致することと思われるので、3点の疑問を「あえて指摘」した次第である。

—— 日本労働社会学会年報第32号〔2021年〕——

松永伸太朗著
『アニメーターはどう働いているのか
——集まって働くフリーランサーたちの労働社会学——』
（ナカニシヤ出版、2020年、A5判、204頁、定価2,800円＋税）

宮地　弘子
（職業能力開発総合大学校）

1．はじめに

　労働とはどのような営みだろうか。それは、労働社会学の優れた諸研究が示してきたように、資本家が剰余価値を生みだす搾取の過程として理解することができよう。一方で、働く者にとっての労働とは、他者との関係に配慮しながら、何かをつくりあげていく日常的で具体的な実践に他ならない。そして、そのような日常的・具体的実践こそが、労働をめぐる諸問題が生起する場をつくりあげているのである。本書は、エスノメソドロジーの方法論に依拠し、アニメーターの労働「問題」を働く者の日常的・具体的実践に差し戻して問い直すことで、これからのアニメーター労働に対して実効的な処方箋を提示するとともに、労働をめぐる社会学に新たな方法論的選択肢を付け加えることを試みている。

2．フィールド

　本書の試みは、アニメーション制作の現場における約3ヵ月間のフィールド調査に基づいている。調査の対象となったのは、老舗の作画スタジオX社である。X社は、下請けという厳しい立場にありながら、40年以上も存続している稀有な存在だという。

　ここで、はしがきおよび序章の冒頭部分で述べられている、アニメーター労働の意外な事実に触れておこう。いずれも、著者が長年取り組んできたフィールド調査の気づきとして提示されている。1つ目は、アニメーターたちが、表現者というよりも労働者として、低賃金を始めとした問題に自覚的でありながら働いているということである。アニメーターの労働問題が「やりがい搾取」にはあたら

ないことが強調されている。2つ目は、アニメーターの多くがフリーランサーでありながら、特定の場所に集まって働いているということである。X社は、そのような場所の1つということになる。

　第2章では、組織としてのX社のありようが概観されている。フリーランサーである約40名のアニメーターたちは、X社と専属契約を結び、X社は、マージンと引き換えにアニメーターたちをマネジメントする。アニメーターたちは、X社に所属することで働く場所の制約を受けることになり、また、売り上げからマージンを抜かれる。ところが、著者が実施したアンケート調査やインタビュー調査からは、X社のアニメーターたちが、比較的高い満足度を感じて働いていることが明らかになるのである。

　著者が言うように、我々は、アニメーターがどのような集まりの場でどのように働いているのかを知らない。そして、アニメーターの労働問題は、「やりがい搾取」といった枠組みで論じられてきた。一方、豊富なフィールド調査の経験を通してそのような労働社会学の眼差しに違和感を抱いた著者は、X社という場所に、むしろアニメーター労働のあるべき姿を見出し、その「当事者水準の合理性」を解き明かすことを目指すのである。

3．方法論的道具立て

　さて、本書はいかなる道具立てを用いて、アニメーター労働の場としてのX社がはらむ「当事者水準の合理性」を解き明かそうとしているのだろうか。

　まず、労働をめぐる「当事者水準の合理性」に着目した研究の嚆矢として、マイケル・ブラウォイの同意生産論が参照されている。さらに、同意生産論の優れた応用研究として、アシュリー・ミアーズの研究が参照されている。著者は、ナイトクラブにおける不払い労働という搾取の過程に女性たちがいかにして同意を与え続けているのかを問うたミアーズの研究を高く評価する一方で、限界も指摘している。不払い労働への同意が達成される過程に着目するあまり、同意が達成されないケースの記述がおろそかになり、問題の解決に向けた道筋がかえって見えづらくなっているというのである。

　確かに、資本——賃労働関係を基本的な分析単位として搾取の達成と再生産の

メカニズムを問う限り、その解体の具体的道筋は見えてこない。著者は、既存の労働をめぐる秩序を批判するという問題意識をこれまでの労働社会学と共有しつつ、だからこそ、搾取の達成という枠組みを超えて、労働という営みを読み解こうとする。すなわち、労働社会学が自明としてきた認識枠組を敢えて「括弧にくくり」、当事者たちの日常的・具体的営みとしての労働の実践を記述しようとするのである。

　そのための道具として採用されたのが、エスノメソドロジーである。エスノメソドロジーは、ローカルな実践の場に密着し、成員の営為を、その場を越えて働く外在的な説明項を用いずに記述しようとする。様々な「バージョン」があると言われるエスノメソドロジーだが、「ワークプレイス研究」と呼ばれる諸研究のうち、特に、ルーシー・サッチマンの研究が、依拠すべき先行研究として参照されている。

　サッチマンの研究は、会話や視線、身体の配置といった当事者たちの実践と、備品や道具といった物理的環境が作用し合うことで「ワーク」の場が構成される過程を内在的視点から記述するのみならず、当該の「ワーク」をめぐる権力関係の問い直しをも試みてきた。著者は、サッチマンの研究に、これまで「やりがい搾取」という権力関係として理解されてきたアニメーター労働を、当事者たちの日常的・具体的実践に差し戻して問い直す可能性を見出している。すなわち、X社という「ワーク」の場が構成される過程を内在的視点から記述することを通して、その場が、アニメーターたちにとってはらむ「合理性」を明らかにしようというのである。

4．本論部における分析

　第3章では生産活動に焦点が当てられ、作画机という空間が構成されていく過程が記述されている。社内外の発注者や後工程とのやりとりという実践、作業時の身体的配置、隣席との間仕切りといった物理的環境が作用しあうことで、作画机は、他者との協働に開かれていながら他者の侵襲を許さない個人的空間として構成されていることが明らかになる。

　第4章では、労務管理に焦点が当てられている。X社ではマネージャーによる

一定の労務管理が行われており、その実践が、フリーランス労働特有の不安定性と脆弱性を軽減していることが記述されている。マネージャーは、発注元との条件交渉などを肩代わりするだけでなく、作画机をノードとして社内外に展開する複数の協働の体系を俯瞰する立ち位置から、体系横断的に生産活動の調整を行っていることが浮かび上がる。

　第5章では、人材育成に焦点が当てられている。後輩から先輩への相談といった実践が、作画机という個人的空間の侵襲を最小限にとどめる配慮のもとで行われていること、また、成果物を置く棚が通りかかりやすく見えづらい位置に配置されていることで、他者の仕事を「盗み見る」恰好の場となっていることが記述されている。成員の実践と物理的環境とが作用しあうことで、X社の現場は、独立したフリーランサーであることと、他者との関係を通した技能形成とが両立する場として構成されているのである。

　第6章では、食事どきの雑談などを含めた日常的な実践に焦点が当てられている。ここでも、作画机という個人的空間への侵襲を最小限にとどめる配慮がなされていること、また、日常的な実践と食事スペースとしてのテーブルという物理的環境が作用しあうことで、作画机よりもより開かれた空間が構成され、作画机の閉塞性がもたらす生産活動上の逆機能が解消されていることなどが記述されている。

　本論部における分析を通して描き出されたのは、フリーランサーとして一定の独立性を保ちつつ、仕事の不安定性や脆弱性を軽減し、他者との関係を通した技能形成をも可能にする空間としてのX社の現場である。アニメーターたちがX社に集まって働くことに見出している「当事者水準の合理性」がつぶさに解き明かされたのである。

5．本書の意義とさらなる可能性

　こうして明らかにされた「当事者水準の合理性」は、これからのアニメーター労働に対する実効的な処方箋を導く。第7章の結論部では、現在のアニメ業界で進行する変化が、アニメーター労働の現実に即した視点から評価されている。

　まず、内製化と正規雇用化の進行が、アニメーターたちにとっては必ずしも歓

迎すべき事態ではなく、むしろ自由と独立の侵害として感受される可能性が指摘されている。また、テレワークなど場所を問わない働き方の浸透が、集まりによって可能になっていた相互扶助を破壊する可能性も指摘されている。さらに、フリーランサーの「ゆるい」紐帯よりもむしろ、マージンの徴収など一定程度の制度化を伴った組織のほうが、結果的に、フリーランサーとしての働き方の満足度を高めるという展望も示されている。

　本書の試みは、アニメーター労働の現場を越えて、さまざまな労働の現場における「問題」を、働く者の視点に即して問い直す際に応用できるだろう。それらの試みは、労働という営みの多角的理解を促し、これまでの研究成果と相まって、労働社会学に一段と豊かな成果をもたらすはずである。

　最後に、著者がフィールドで覚えた違和感にこだわり、批判を恐れずに新たな道具立てを用いて分析を試みたからこそ見えてきた、さらなる可能性を提示しておきたい。それは、労働社会学が自明とする認識枠組のみならず、アニメーターたちの主観的満足感をも「括弧にくくり」、なぜ、X社のような「合理的」組織が稀有な存在にとどまらざるを得ないのかを、いわば冷徹に問うていく可能性である。その作業は、日常的・具体的実践におけるトラブルを記述することや、X社から去った者の語りを聞き取ることなどを通して、一見ゆるぎなく思えるX社の現場がはらむ脆さ・危うさを描き出していくプロセスとなるだろう。

　アニメーター労働の現場における「当事者水準の合理性」を読み解くにとどまらず、その「合理性」を当事者の内在的視点から批判的に眼差していくことで、これからのアニメーター労働に対する処方箋の実効性により磨きをかけていくことができるのではないだろうか。

日本労働社会学会会則

(1988年10月10日　制定)
(1989年10月23日　改訂)
(1991年11月 5 日　改正)
(1997年10月26日　改正)
(1998年11月 2 日　改正)

[名　　称]

第 1 条　本会は、日本労働社会学会と称する。

　　2　本会の英語名は、The Japanese Association of Labor Sociology とする。

[目　　的]

第 2 条　本会は、産業・労働問題の社会学的研究を行なうとともに、これらの分野の研究に携わる研究者による研究成果の発表と相互交流を行なうことを通じて、産業・労働問題に関する社会学的研究の発達・普及を図ることを目的とする。

[事　　業]

第 3 条　本会は次の事業を行う。

　⑴　毎年1回、大会を開催し、研究の発表および討議を行なう。

　⑵　研究会および見学会の開催。

　⑶　会員の研究成果の報告および刊行 (年報、その他の刊行物の発行)。

　⑷　内外の学会、研究会への参加。

　⑸　その他、本会の目的を達成するために適当と認められる事業。

[会　　員]

第 4 条　本会は、産業・労働問題の調査・研究を行なう研究者であって、本会の趣旨に賛同するものをもって組織する。

第 5 条　本会に入会しようとするものは、会員1名の紹介を付して幹事会に申し出て、その承認を受けなければならない。

第 6 条　会員は毎年 (新入会員は入会の時) 所定の会費を納めなければならない。

　　2　会費の金額は総会に諮り、別途定める。

　　3　継続して 3 年以上会費を滞納した会員は、原則として会員の資格を失う

ものとする。

第7条　会員は、本会が実施する事業に参加し、機関誌、その他の刊行物の実費
　　　　配布を受けることができる。

第8条　本会を退会しようとする会員は書面をもって、その旨を幹事会に申し出
　　　　なければならない。

　　　［役　　員］

第9条　本会に、つぎの役員をおく。

　　(1)　代表幹事　1名

　　(2)　幹　　事　若干名

　　(3)　監　　事　2名

　役員の任期は2年とする。ただし連続して2期4年を超えることはできない。

第10条　代表幹事は、幹事会において幹事の中から選任され、本会を代表し会務
　　　　を処理する。

第11条　幹事は、会員の中から選任され、幹事会を構成して会務を処理する。

第12条　監事は、会員の中から選任され、本会の会計を監査し、総会に報告する。

第13条　役員の選任手続きは別に定める。

　　　［総　　会］

第14条　本会は、毎年1回、会員総会を開くものとする。

　　2　幹事会が必要と認めるとき、又は会員の3分の1以上の請求があるときは
　　　　臨時総会を開くことができる。

第15条　総会は本会の最高意思決定機関として、役員の選出、事業および会務に
　　　　ついての意見の提出、予算および決算の審議にあたる。

　　2　総会における議長は、その都度、会員の中から選任する。

　　3　総会の議決は、第20条に定める場合を除き、出席会員の過半数による。

第16条　幹事会は、総会の議事、会場および日時を定めて、予めこれを会員に通
　　　　知する。

　　2　幹事会は、総会において会務について報告する。

　　　［会　　計］

第17条　本会の運営費用は、会員からの会費、寄付金およびその他の収入による。

第18条　本会の会計期間は、毎年10月1日より翌年9月30日までとする。

［地方部会ならびに分科会］

第19条　本会の活動の一環として、地方部会ならびに分科会を設けることができる。

［会則の変更］

第20条　この会則の変更には、幹事の2分の1以上、または会員の3分の1以上の提案により、総会の出席会員の3分の2以上の賛成を得なければならない。

［付　　則］

第21条　本会の事務執行に必要な細則は幹事会がこれを定める。

　　2　本会の事務局は、当分の間、代表幹事の所属する機関に置く。

第22条　この会則は1988年10月10日から施行する。

編集委員会規程

（1988年10月10日　制定）
（1992年11月3日　改訂）

1. 日本労働社会学会は、機関誌『日本労働社会学会年報』を発行するために、編集委員会を置く。

2. 編集委員会は、編集委員長1名および編集委員若干名で構成する。

3. 編集委員長は、幹事会において互選する。編集委員は、幹事会の推薦にもとづき、代表幹事が委嘱する。

4. 編集委員長および編集委員の任期は、幹事の任期と同じく2年とし、重任を妨げない。

5. 編集委員長は、編集委員会を主宰し、機関誌編集を統括する。編集委員は、機関誌編集を担当する。

6. 編集委員会は、会員の投稿原稿の審査のため、専門委員若干名を置く。

7. 専門委員は、編集委員会の推薦にもとづき、代表幹事が委嘱する。

8. 専門委員の任期は、2年とし、重任を妨げない。なお、代表幹事は、編集委員会の推薦にもとづき、特定の原稿のみを審査する専門委員を臨時に委嘱することができる。

9. 専門委員は、編集委員会の依頼により、投稿原稿を審査し、その結果を編集委員会に文書で報告する。

10. 編集委員会は、専門委員の審査報告にもとづいて、投稿原稿の採否、修正指示等の措置を決定する。

付則1. この規定は、1992年11月3日より施行する。

2. この規定の改廃は、編集委員会および幹事会の議を経て、日本労働社会学会総会の承認を得るものとする。

3. この規定の施行細則（編集規定）および投稿規定は、編集委員会が別に定め、幹事会の承認を得るものとする。

編集規程

（1988年10月10日　制定）
（1992年10月17日　改訂）
（幹事会承認）

1. 『日本労働社会学会年報』（以下本誌）は、日本労働社会学会の機関誌であって、年1回発行する。
2. 本誌は、原則として、本会会員の労働社会学関係の研究成果の発表に充てる。
3. 本誌は、論文、研究ノート、書評、海外動向等で構成し、会員の文献集録欄を随時設ける。
4. 本誌の掲載原稿は、会員の投稿原稿と編集委員会の依頼原稿とから成る。

投稿規程

（1988年10月10日　制定）
（1992年10月17日　改訂）
（2002年　9月28日　改訂）
（2011年12月15日　改訂）
（2014年　7月　5日　改訂）
（2020年　8月22日　改訂）
（幹事会承認）

［投稿資格および著作権の帰属］

1. 本誌（日本労働社会学会年報）への投稿資格は、本会員とする。なお、投稿論文が共著論文の場合、執筆者のうち筆頭著者を含む半数以上が本会会員であることを要する。
2. 本誌に発表された論文等の著作権は日本労働社会学会に帰属する。ただし、著作者自身による複製、公衆送信については、申し出がなくてもこれを許諾する。

［投稿原稿］

3. 本誌への投稿は論文、研究ノート、その他とする。
4. 投稿する論文は未発表のものに限る。他誌への重複投稿は認めない。既発表の有無・重複投稿の判断等は、編集委員会に帰属する。ただし、学会・研究会等で発表したものについては、この限りではない。

［執筆要項］

5. 投稿は、パソコン類による横書きとする。

6. 論文及び研究ノートの分量は24,000字以内（図表込：図表は1つにつき400字換算）とする。また、書評は4,000字程度とする。

7. 原稿は下記の順序に従って記述する。

　題目、英文題目、執筆者名、執筆者ローマ字、本文、注、文献、字数。

8. 本文の章・節の見出しは、次の通りとする。

　1. 2. 3…、（1）（2）（3）…、1）2）3）…

9. 本文への補注は、本文の箇所の右肩に（1）、（2）、（3）の記号をつけ、論文末の文献リストの前に一括して掲載する。

10. 引用文献注は下記のように掲載する。

　引用文献注は本文の該当箇所に（　）を付して、（著者名　西暦発行年：引用ページ）を示す。引用文献は論文末の補注の後に、著者のアルファベット順に著者名、刊行西暦年（丸括弧で囲む）、書名（または論文名、掲載誌名、巻号）、出版社の順に一括して掲載する。また、同一の著者の同一年度に発行の著者または論文がある場合には、発行順に a, b, c, …を付する。

11. 図、表、写真は別紙とし、次のように作成する。

　（1）本文に該当する箇所の欄外に挿入箇所を朱書きして指定する。

　（2）図・表の文字の大きさは、別紙で定める図表基準に従うこと。

　（3）図・表の番号は、図1、表1のように示し、図・表のそれぞれについて通し番号をつけ、表にはタイトルを上に、図にはタイトルを下につける。

　（4）図・表・写真等を他の著作物から引用する場合は、出典を必ず明記し、必要に応じて原著者または著作権保持者から使用許可を得ること。

　［申込みと提出］

12. 投稿希望者は、以下の項目を記入し編集委員会宛に申し込む。

　（1）氏名、（2）電話番号、e-mail アドレス、連絡先住所、（3）所属機関、（4）論文、研究ノートなどの区分、（5）論文の題目、（6）使用ソフトの名称及びバージョン（MS Word の場合は記載不要）。

13. 当初の投稿は原稿（氏名を入れたもの1部、氏名を伏せたもの1部）を、編集委員会が指定するアドレスに添付ファイルで送信する。

　［原稿の採否］

14．投稿論文は複数の審査員の審査結果により、編集委員会が掲載の可否を決定する。

15．最終段階で完成原稿を編集委員会が指定するアドレスに添付ファイルで送信する。

［図表基準］

16．図表は次の基準により作成するものとする。

（1）図表のサイズは年報の1頁以内に収まる分量とする。

（2）図表作成の詳細については、原稿提出後に出版社との調整があるので、その指示に従い投稿者の責任において修正することとする。

［付記］

1．本規程の改訂は、幹事会の承認を得なければならない。

2．本規程は、2020年8月22日より実施する。

日本労働社会学会幹事名簿（第33期）

幹　事

吉田　　誠	（立命館大学）	代表幹事	
江頭　説子	（杏林大学）	事務局長	
谷川千佳子	（聖徳大学）	会　　計	
岡村　佳和	（江戸川区福祉部）	会　　計	
跡部　千慧	（立教大学）		
大野　　威	（立命館大学）		
小川　慎一	（横浜国立大学）		
柴田　徹平	（岩手県立大学）		
清水友理子	（浜松学院大学）		
鈴木　　力	（徳山大学）		
高島　裕美	（名寄市立大学）		
中根　多惠	（愛知県立芸術大学）		
三家本里実	（福島大学）		
横田　伸子	（関西学院大学）		
渡辺めぐみ	（龍谷大学）		

監　事

中囿　桐代	（北海学園大学）
松尾　孝一	（青山学院大学）

年報編集委員会

山縣　宏寿	編集委員長
小尾　晴美	編集委員
宮下さおり	編集委員
松永伸太朗	編集委員

編集後記

　『日本労働社会学会年報』32号をお届けいたします。32号は、2本の特集論文、1本の投稿論文、そして6本の書評で構成される運びとなりました。投稿論文については、コロナ禍ということもあり、数件の投稿に留まりましたが、学会員の皆様におかれましては、奮ってご投稿頂けましたら幸いです。

　この間、コロナ禍により、オンライン講義・演習をはじめ、各種イレギュラーな職場での対応等々に迫られ、慌ただしく、また困難な日常を過ごされていたことと思います。そのような中にあって、特集原稿の執筆、論文の投稿、書評のご対応等、編集委員会にお力添え、ご高配を頂きましたこと、この場をお借りして、厚く御礼申し上げます。

　今後も、引き続き学会員の皆々様が、研究史上の第一線でご活躍されますことを確信すると共に、祈念申し上げる次第です。

（年報編集委員長　山縣宏寿）

ISSN　0919-7990

日本労働社会学会年報　第32号
COVID-19と労働
2021年10月30日　発行

□編　集　日本労働社会学会編集委員会
□発行者　日本労働社会学会
□発売元　株式会社 東信堂

日本労働社会学会事務局
〒150-0001　東京都渋谷区神宮前5-8-2
公益社団法人　日本看護協会　労働政策部
TEL　03-5778-8553
E-mail　yuka.omura@nurse.or.jp
学会HP　http://www.jals.jp

株式会社 東信堂
〒113-0023　文京区向丘1-20-6
TEL　03-3818-5521
FAX　03-3818-5514
E-mail　tk203444@fsinet.or.jp
東信堂HP　http://www.toshindo-pub.com

ISBN978-4-7989-1746-7　C3036

■■■■ 東信堂 ■■■■

〒 113-0023　東京都文京区向丘 1-20-6　　　　TEL 03-3818-5521　FAX03-3818-5514　振替 00110-6-37828
Email tk203444@fsinet.or.jp　URL:http://www.toshindo-pub.com/

※定価：表示価格（本体）＋税